DDR-FÜHRER

DAS BUCH ZUR
DAUERAUSSTELLUNG

Herausgeber
Quirin Graf Adelmann v. A. und Gordon Freiherr von Godin
Autoren
Sören Marotz, Elke Sieber, Dr. Stefan Wolle
Gestaltung, Satz, Illustrationen
Michaelis Design
Unter Verwendung von Texten von: Andreas Menn, Kathrin Strohl, Jochen Voit
Verlag
DDR Museum Verlag GmbH, Karl-Liebknecht-Str. 1, 10178 Berlin
Druck
Medialogik, Im Husarenlager 6a, 76187 Karlsruhe
Überarbeitete und erweiterte dritte Auflage, Juli 2017, printed in Germany

Danksagung
Melanie Alperstaedt (Lektorat), Maria Bartholomäus (Fotos), bpk-Bildagentur,
Bundesarchiv, Bundesbeauftragter für die Unterlagen der Staatssicherheit,
Deutsche Fotothek, Julia van Duijvenvoorde (Lektorat englisch), Agentur Focus,
Rebecca Hall (Lektorat englisch), Albert Hulm, Anett & Stephan Hüssen, Peter
Kenzelmann, Jörn Kleinhardt (Fotos), Margret Kowalke-Paz, pa picture alliance,
Presse- und Informationsamt der Bundesregierung, Robert-Havemann-Gesellschaft,
Arthur Schmidt, Harald Schmitt, Felix Schwab, Stiftung Gedenkstätte Berlin-
Hohenschönhausen, ullstein bild, Umbruch Bildarchiv sowie allen Objektspendern,
Führungsreferenten, Unterstützern und Mitarbeitern des DDR Museum.

Bibliografische Information der Deutschen Bibliothek
Die Deutsche Bibliothek verzeichnet diese Publikation in der Deutschen
Nationalbibliografie; detaillierte bibliografische Daten sind im Internet über
http://dnb.ddb.de abrufbar. Das Werk ist urheberrechtlich geschützt. Alle
Rechte, insbesondere die Rechte der Verbreitung, der Vervielfältigung, der
Übersetzung, des Nachdrucks und der Wiedergabe auf fotomechanischem
oder ähnlichem Wege, durch Fotokopie, Mikrofilm oder andere elektronische
Verfahren sowie der Speicherung in Datenverarbeitungsanlagen, bleiben,
auch bei nur auszugsweiser Verwertung, dem Verlag vorbehalten.

»DDR-Führer – Das Buch zur Dauerausstellung«
ISBN: 978-3-939801-19-1
Nachfolgebuch zu ISBN 978-3-939801-16-0 »DDR-Führer – Reise in einen
vergangenen Staat«, ISBN 978-3-3398 01-13-9 »DDR-Führer – Das Buch
zur Dauerausstellung des DDR Museum« und ISBN 978-3-939801-00-9
»DDR Museum – Führer durch die Dauerausstellung. Alltag eines vergangenen
Staates zum Anfassen«
Es wird darauf verwiesen, dass alle Angaben in diesem Buch trotz sorgfäl-
tiger Bearbeitung ohne Gewähr erfolgen und eine Haftung des Herausgebers
oder des Verlages ausgeschlossen ist.
© 2017 DDR Museum Verlag GmbH, Karl-Liebknecht-Str. 1, 10178 Berlin
Tel: (030) 847 123 73-0, Fax: (030) 847 123 73-9
Internet: www.ddr-museum.de, E-Mail: post@ddr-museum.de

Titelbild: © Sigrid Marotz

DDR-FÜHRER

DAS BUCH ZUR DAUERAUSSTELLUNG

DDR MUSEUM VERLAG

VORWORT

Kurz vor ihrem 41. Geburtstag fand die DDR ihr wenig betrauertes Ende. Am 3. Oktober 1990 um Mitternacht erklang vor dem Reichstag in Berlin die dritte Strophe des Deutschlandliedes, dann stiegen Feuerwerksraketen in den Nachthimmel auf, und die Menschen brachen in Jubel aus. Es bestand angesichts dieses Todesfalles wahrhaftig wenig Grund zur Trauer, wohl aber gab es viele Gründe zum Nachdenken.

Wurde in dieser Nacht der Menschheitstraum von einer gerechten Gesellschaft zu Grabe getragen? War die DDR eine antifaschistische Alternative zu der restaurativen Bundesrepublik? Wurde sie deswegen wenigstens in den ersten Jahren von der Aufbaugeneration begeistert mitgetragen? Oder war die DDR vom ersten bis zum letzten Tag eine Sowjetkolonie, die gegen den Willen ihrer Bürger mit Gewalt aufrechterhalten wurde? Und wenn es so war, hatten sich die Menschen nicht trotzdem ganz gut eingerichtet? Wie lebt es sich in einer Diktatur — vielleicht sogar sicherer und bequemer als in der Freiheit und der Marktwirtschaft?

Über alle diese Fragen ist in den vergangenen Jahren viel Gegensätzliches geschrieben worden und es ist kein Ende der Debatte in Sicht. Auch unser Museum wird die Frage nicht endgültig beantworten können. Doch wir nähern uns der Geschichte auf besondere Weise. Im DDR Museum steht die Lebenswirklichkeit der Menschen im Mittelpunkt. Unser Slogan »Geschichte zum Anfassen« heißt nicht allein, dass der Besucher viele Exponate berühren kann, sondern vor allem, dass wir dicht am Alltag der Menschen bleiben — an einem Alltag freilich, der durch Ideologie, Gewaltandrohung und Unfreiheit geprägt war. Der Besucher kann und soll sich hier die Frage stellen: Wie hätte ich in einem autoritären System gelebt? Hätte ich die Fahne aus dem Fenster gehängt, um Ärger zu vermeiden? Hätte ich mich freiwillig zum dreijährigen Militärdienst verpflichtet, um einen Studienplatz zu bekommen? Hätte ich dem Druck der Stasi widerstanden? Welchen Unterschied gibt es zu meinem Leben heute?

Unsere Ausstellung möchte ein Lern- und Vergleichsort zum Thema Diktatur und Freiheit sein. Wir setzen auf spannende Exponate und Installationen, aber auch auf

Interaktivität und Mitmachen. Vom Kindergarten bis zum Berufsleben werden (auch) Räume mit Originalen dargestellt und erläutert.

Unser Museum ist seit jeher privat getragen. Es kommt vollständig ohne öffentliche Mittel aus und finanziert sich allein durch die rund 600.000 Besucher pro Jahr. Neben unserer Dauerausstellung bietet das Museum eine Vielzahl weiterer Angebote: Wir verwirklichen den musealen Bildungs- und Vermittlungsauftrag durch unsere Aktivität in den sozialen Medien, zahlreiche pädagogische Angebote, ein vielfältiges Veranstaltungsprogramm in unserem Besucherzentrum, Entwicklung und Finanzierung von themenbezogenen Spielen, Forschung zum Thema DDR, Erfassung, Erhalt sowie Restaurierung von Objekten der DDR und wechselnde, kostenfreie Sonderausstellungen im Foyer des Hauses. Vor allem aber verfügen wir mit mehr als 250.000 Objekten über eine der weltweit größten Sammlungen zur DDR-Geschichte. Die Bewahrung des kulturellen Erbes ist eine gesamtgesellschaftliche Aufgabe, an der wir uns gern beteiligen.

Dieses Buch soll mehr sein als nur eine Anleitung für den Rundgang. Es stellt wichtige Exponate beispielhaft vor, erzählt aber auch vom Leben in der DDR und setzt es in Relation zum Hier und Heute. Es soll intelligente Denkanstöße bieten für eine weitere Beschäftigung mit der Vergangenheit und der Zukunft unserer Gesellschaft. Anfassen und Mitnehmen!

Quirin Graf Adelmann v. A.   Gordon Freiherr von Godin

INHALT

LEBEN IM PLATTENBAU

ENDE UND NEUBEGINN

EIN STAAT KOMMT ... UND GEHT

1

Am Anfang stand die bedingungslose Kapitulation Deutschlands vom 8. Mai 1945. Der Zweite Weltkrieg endete mit der totalen Niederlage seiner Urheber. Deutschland wurde zwischen den vier Siegermächten – USA, Großbritannien, Frankreich und Sowjetunion – aufgeteilt.

Die ersten Maßnahmen in der Sowjetischen Besatzungszone wie die Bodenreform fanden bei der Bevölkerung durchaus noch Zustimmung. Doch in der Sowjetischen Besatzungszone (SBZ) entstand bald schon eine kommunistische Parteidiktatur unter Führung der Sozialistischen Einheitspartei Deutschlands (SED). Die Mehrheit der Bevölkerung lehnte die Deutsche Demokratische Republik ab, die am 7. Oktober 1949 aus der SBZ hervorging.

Die Verbitterung des Volkes über die schlechten Lebensbedingungen und die politische Unterdrückung entlud sich am 17. Juni 1953 in Streiks und Massendemonstrationen. Nur das Eingreifen sowjetischer Panzer rettete die SED-Führung vor dem eigenen Volk.

2

3

1 FDJ-Demonstrationszug auf der Massenkundgebung in Berlin anlässlich der Staatsgründung der DDR und der Wahl Wilhelm Piecks zum Präsidenten der DDR, 11.10.1949

2 Mauerbau an der Harzer Straße unter Aufsicht von Volkspolizei und NVA, die seit dem 13. August 1961 Ost- und Westberlin voneinander abriegelte, 1961

3 Leonid Breschnew bekräftigt gegenüber Erich Honecker auf dem VIII. Parteitag der SED das »unverbrüchliche Kampfbündnis«. Honecker war seit dem 3. Mai 1971 erster Sekretär des Zentralkomitees der SED, 16.6.1971

Immer mehr Menschen und gerade Akademiker sahen ihr Heil in der Flucht in den Westen. Der Staat drohte auszubluten. Mit sowjetischem Einverständnis ließ Walter Ulbricht am 13. August 1961 eine Mauer um Westberlin ziehen und sperrte die DDR-Bürger damit endgültig ein.

Man begann, sich für längere Zeit in der DDR einzurichten. Auch die Führung bemühte sich um eine vorsichtige Modernisierung der Gesellschaft: mehr Wohlstand und künstlerische Freizügigkeit, etwas weniger Repression. Spätestens nach der militärischen Niederschlagung des Prager Frühlings in der Tschechoslowakei am 21. August 1968 war aber endgültig Schluss mit den Hoffnungen auf eine Verbesserung des Sozialismus.

Anfang der 1970er Jahre wurde die DDR zum völkerrechtlich anerkannten Staat. Notgedrungen vollzog sich dadurch auch eine Art Öffnung. Im Gegenzug wurde die Überwachung durch die Staatssicherheit massiv ausgebaut. Um das System zu stabilisieren, verkündete die Führung ein umfassendes Sozialprogramm. Doch auf lange Sicht waren die sozialen Leistungen nicht finanzierbar. Die DDR ging wirtschaftlich der Pleite entgegen.

1

Als 1985 in der Sowjetunion unter Michail Gorbatschow eine Politik des Umbaus begann, verwandelte sich die latente Dauerkrise der DDR in eine akute Existenzkrise. Im Schutzraum der Kirchen sammelten sich immer mehr Menschen, um Freiheit und Menschenrechte einzufordern. Während der Feierlichkeiten zum 40. Jahrestag der DDR im Oktober 1989 brachen endgültig alle Dämme: In Leipzig, Berlin und vielen anderen Städten fanden friedliche Demonstrationen statt.

Am 9. November 1989 öffneten die Grenzsoldaten angesichts der Menschenmassen die Schlagbäume an der Mauer. Eine friedliche Revolution erzwang Freiheit und Demokratie und machte den Weg zur Wiedervereinigung am 3. Oktober 1990 frei — die DDR war Geschichte.

DDR

- Territorium: 108.333 km²
- Bevölkerung: 16.675.000 (1988)
- Bevölkerungsdichte: 154 je km²
- Gliederung: 14 Bezirke und Berlin (Ost)

1 Demonstration der DDR-Bürger gegen die bestehende Regierung und Staatsordnung auf dem Berliner Alexanderplatz, 4.11.1989
2 Gegen 23.30 Uhr werden die Grenzkontrollen am Grenzübergang Bornholmer Straße (Bösebrücke) in Berlin eingestellt, DDR-Bürger strömen nach Westberlin, 9.11.1989

11

EIN TAG AUS DEM LEBEN DES KOLLEGEN MÜLLER

Fünfmal in der Woche klingelt morgens um sechs der Wecker. Aus dem Spiegel im Badezimmer glotzt wie jeden Tag eine bleiche und zerzauste Gestalt. Einen Schluck Kaffee hintergekippt, eine Stulle im Gehen. Ab in die überfüllte Straßenbahn – ob Ost oder West. Man kann dies die Alltagsmühle nennen, die die erste Dimension des ebenso unverzichtbaren wie diffusen Begriffs »Alltag« kennzeichnet.

Im Büro des HO-Möbelhauses »Modernes Wohnen« angekommen, erstmal verschnaufen, eine Zigarette anstecken – unsere Geschichte handelt in jener Zeit, in der überall noch ungehemmt gequalmt wurde. Ein kleiner unverbindlicher Schwatz. Gestern Krimi geguckt? Hätte nicht gedacht, dass der Dingsbums der Mörder ist – hier schleicht sich die Politik in unsere kleine Geschichte. Lief der Krimi im Ost- oder Westfernsehen? Konnte man mit jedem über das Westfernsehen reden? Lieber nicht negativ auffallen. Das zeigt die zweite Dimension des Alltags, den Alltagsmenschen, den kleinen Mann, der sich nie in die Dinge mischt und doch zum Schluss immer der Dumme ist.

Die Brouhr zeigt zehn. Die Liste »Bestellungen Küchenmöbel« hat Zeit. Wichtig sind erstmal einige Telefonate in eigener Sache. Zuerst die KWV – hier stolpert der unkundige Leser. Es handelt sich um die Kommunale Wohnungsverwaltung, den größten Vermieter im Lande, dem alle staatlichen Wohnungen unterstanden. In diesem Falle geht es um die kaputte Ofenklappe. Dazu brauchte man einen Auftrag der KWV.

1

Alltag ist – das ist die dritte Dimension – kleinkariert, undramatisch, aber wichtig. Ohne Klappe bleibt die Bude kalt.

Im Büro der KWV klingelt das Telefon. Niemand da. An der Tür hängt ein handgeschriebenes Schild: »Heute keine Sprechstunde.« Die Kollegin Schulze hat sich auf den Weg ins Möbelhaus gemacht. Zehnmal hat sie nach den Küchenmöbeln schon telefonisch gefragt. Irgendein Mitarbeiter hat unfreundlich geknurrt: »Sie bekommen eine Benachrichtigung, wenn die Ware eingetroffen ist«. Der mürrische Kollege heißt Müller. Den Namen wird sie sich merken müssen. Heute würde sie Krach machen, mit einer Eingabe drohen, einen Brief an Erich Honecker schreiben oder an die Zeitung. Manchmal half so was. Das vierte, DDR-spe-

1 Neubaugebiet Berlin-Marzahn, 1981
2 Die neue Fußgängerzone »Straße der Befreiung« in Dresden
(Innere Neustadt) wird an die Bevölkerung übergeben, 1979

2

zifische Element des Alltags war der ständige Mangel an allem und jedem. Das absorbierte Zeit und Energie.

Die Bürouhr im Möbelhaus zeigt zwölf. Es verbreitet sich die Nachricht, dass es in der Kaufhalle Pfirsiche gibt. Drei Kolleginnen ziehen los und versprechen Müller, ein Kilo mitzubringen. Das Kollektiv hält zusammen. Müller sagt dem Chef, er muss zur KWV. Vielleicht wird es bis zum Feierabend dauern. Der Chef hat volles Verständnis. Was bleibt ihm übrig? Aus der Not erwuchs ein Zusammenhalt. Dies ist das fünfte Element des DDR-Alltags.

Dann zieht Müller los. Er wird bei der KWV Krach machen, mit einer Eingabe drohen, an Erich Honecker schreiben oder an die Zeitung. Sie ahnen die Pointe der kleinen Geschichte. Irgendwann

steht Herr Müller vor der verschlossenen Bürotür der KWV und Frau Schulze vor dem verwaisten Schreibtisch im Möbelhaus. Beide fluchen still vor sich hin. Die beiden inneren Monologe sind jetzt richtig aufsässig. Vielleicht treffen sich die beiden auf dem Heimweg und es beginnt eine neue Geschichte.

DIE MAUER

Die Bilder haben sich tief eingegraben in das kollektive Gedächtnis: Betonmauern, Stacheldraht, Panzersperren, Todesstreifen, Sichtblenden, Wachtürme. Mitten durch Berlin ging seit dem 13. August 1961 eine Grenze, die man bald schon »die Mauer« nannte. Eigentlich war der Begriff eine Beschönigung. Die Grenzabsperrungen waren das Fundament des Staates, Symbol des kommunistischen Systems und Grundtatsache des Lebens in der DDR. Die Mauer war kein Bauwerk, sondern ein Lebenszustand. In seinem Lied vom Preußischen Ikarus sang Wolf Biermann:

»Der Stacheldraht wächst langsam ein
tief in die Haut, in Brust und Bein
ins Hirn, in graue Zelln.
Umgürtet mit dem Drahtverband
ist unser Land ein Inselland ...«

Wer die DDR wollte, musste die Mauer wollen. Und wer die Mauer wollte, musste die Todesschüsse wollen. Die Sperranlagen waren politisch nur sinnvoll, wenn ihre Überwindung mit dem Risiko verbunden war, von Minen zerfetzt oder erschossen zu werden. Aus dieser tödlichen Logik gab es kein Entrinnen. Wichtig war das Gefühl, für alle Zeiten oder doch zumindest bis zum Rentenalter eingesperrt zu sein. Insofern war die Mauer auch die Ursache dafür, dass viele Menschen sich seit 1961 in das Unabänderliche fügten und im Rahmen des Möglichen ihr Leben gestalteten, ohne aufzubegehren. Sie ist auch die Basis jener verlogenen Scheinidylle, die westliche Beobachter oft mit Stabilität verwechselt haben. Im Rückblick hat mancher den Todesstreifen als ein Biotop gerühmt, wo sich seltene Lurche und Käfer tummelten. Das lässt sich auch auf die Gesellschaft übertragen. Natürlich war die Mauer

Blick von Westen auf eine Straße im Ostberliner Stadtteil Prenzlauer Berg, 1985

auch ein Schutz für die Bewohner des »Ländchens hinter dem Stacheldraht«, so wie die Gatter im Zoo die Tiere schützen.

Als im Herbst 1989 das Volk in Bewegung geriet, zeigte sich, dass der Sozialismus mit der Mauer keinen Bestand haben konnte – aber ohne sie eben auch nicht. Sie war die eiserne Klammer, die das Land zusammenhielt. Als in der Nacht vom 9. zum 10. November 1989 die jubelnden Massen durch die Grenzübergänge strömten, waren auch die Träume von einem Neubeginn ausgeträumt.

Bild DDR-Museum

AUFBAU DER STAATSGRENZE ZU WESTBERLIN

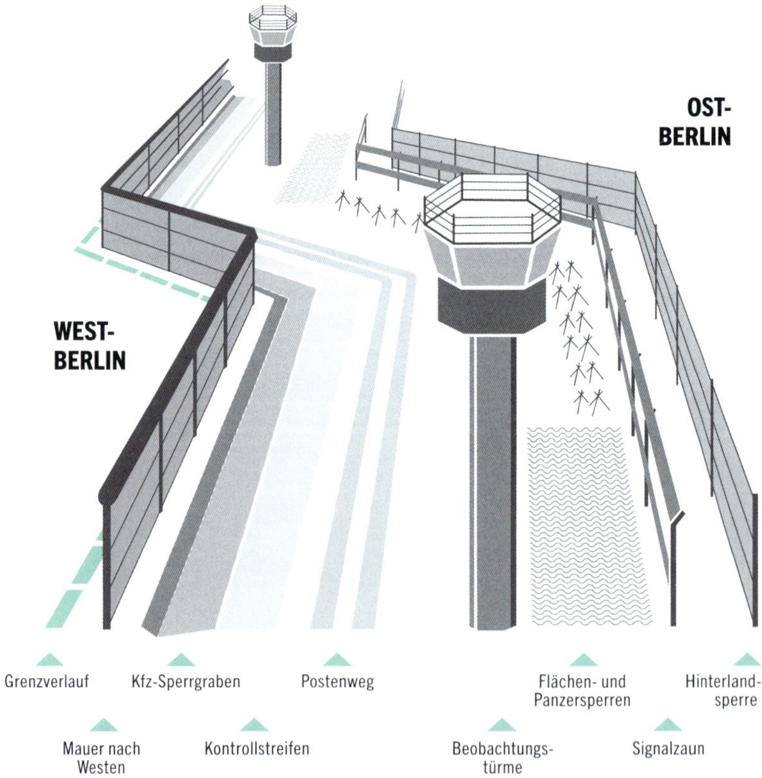

OST-BERLIN

WEST-BERLIN

Grenzverlauf   Kfz-Sperrgraben   Postenweg   Flächen- und Panzersperren   Hinterland-sperre

Mauer nach Westen   Kontrollstreifen   Beobachtungs-türme   Signalzaun

16

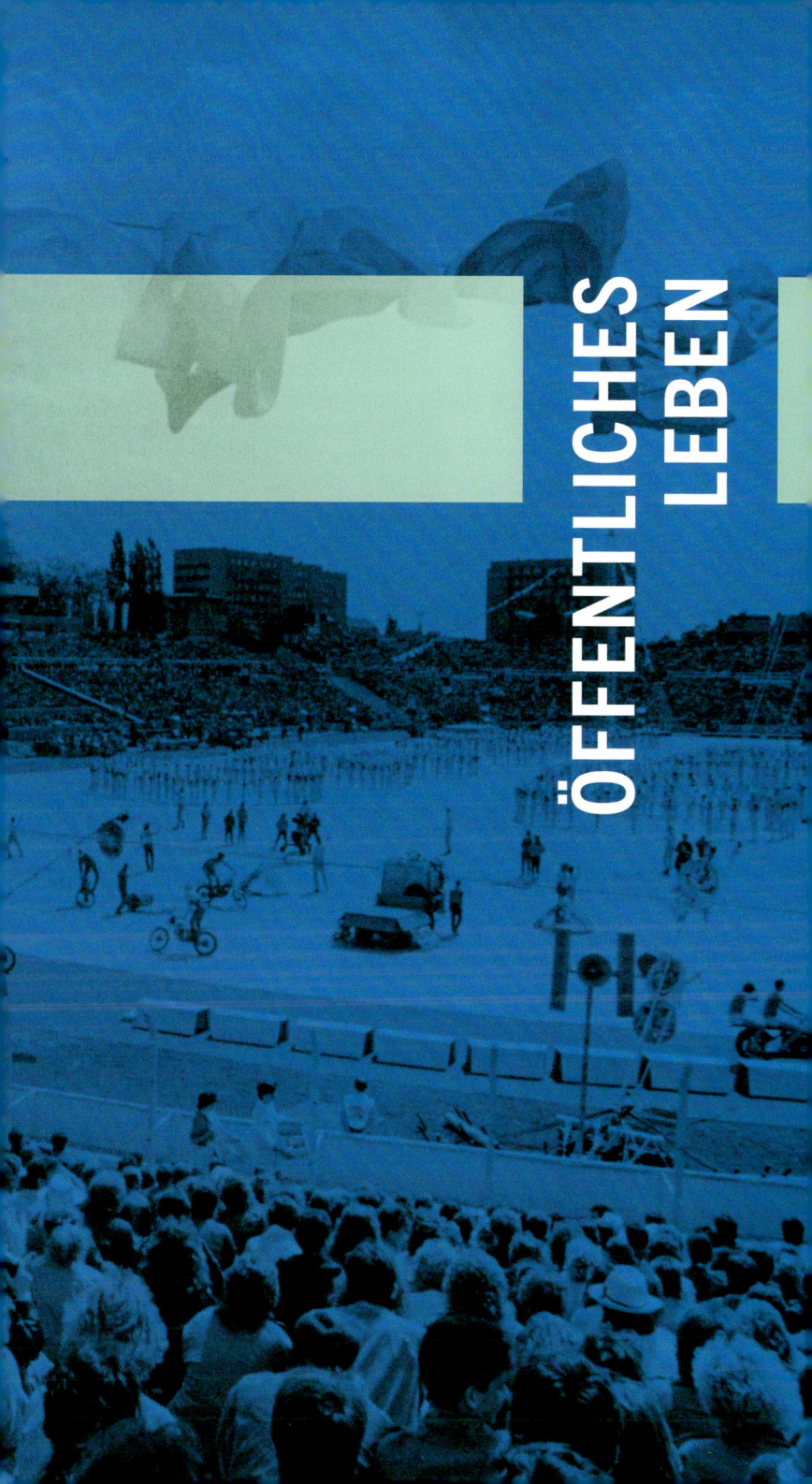

ÖFFENTLICHES LEBEN

Eigentlich ist »er« ja eine »sie«: die »Schwalbe«, weil niemand die Bezeichnung Simson KR 51 benutzte. Ihren Kultstatus gewann sie aber erst nach der deutschen Einheit, als sie zum Kultgefährt des Ostens aufstieg. Viele Westdeutsche hielten die Schwalbe für den Stolz eines jeden DDR-Bürgers. Dabei war sie zu DDR-Zeiten oft nur die zweite Wahl. Jugendliche bevorzugten in der Regel die sportlicheren Mokick-Modelle der »Vogelserie«: den »Star« und den »Habicht« sowie später die Simson-Modelle S50 beziehungsweise S51. Die Schwalbe, oft landläufig als »Moped« bezeichnet, war trotzdem mit über einer Million gebauter Exemplare weit verbreitet und musste auch als Dienstfahrzeug für so manche Gemeindekrankenschwester oder Telegrammboten herhalten.

Motorisierte Zweiräder mit maximal 50 cm³ Hubraum und einer Höchstgeschwindigkeit von 60 km/h durften in der DDR bereits von 15-Jährigen gefahren werden, was maßgeblich zu ihrer Verbreitung beitrug. Der damalige Einzelhandelsverkaufspreis (EVP) des im IFA Kombinat VEB Fahrzeug- und Jagdwaffenwerk »Ernst Thälmann« Suhl hergestellten Modells betrug 1.265 Mark der DDR.

TECHNISCHE DATEN

- Baujahr: 1979 (die »Schwalbe« wurde von 1964 – 1986 über eine Million Mal gebaut)
- Motor: gebläsegekühlter Zweitaktmotor mit 49,6 cm³
- Leistung: 3,6 PS
- Höchstgeschwindigkeit: ca. 60 km/h
- Verbrauch: unter 3l /100 km

SCHWALBE KULTGEFÄHRT POSTUM

STANDORT 01

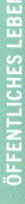

Die Schwalbe in unserer Ausstellung befindet sich noch in dem Zustand, in dem sie das Werk verlassen hat. Das zeigt der Originalaufkleber »technisch überprüft«. Mit ihrem Tachostand von 13.346 Kilometern hat sie ihren Auslieferungszustand erstaunlich lange bewahrt. In vielen Fällen wurde die einfache Konstruktion neu lackiert, umgebaut, »frisiert« oder nach der Wende gänzlich restauriert. Komplett im Urzustand erhaltene Modelle sind dementsprechend selten geworden.

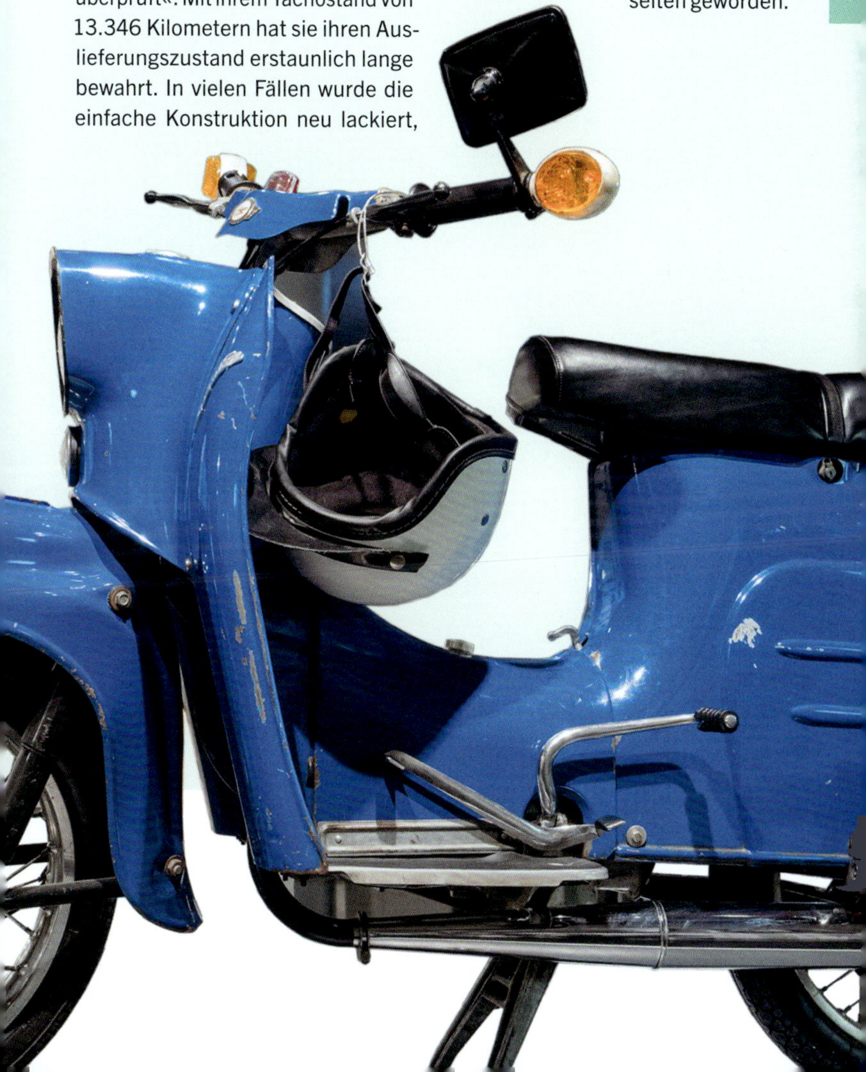

EIN TREUER BEGLEITER

1

2

Die Fahrkartenautomaten in Bus und Bahn hatten ein eigentümliches Funktionsprinzip: Geldeinwurf und Fahrkartenausgabe waren technisch unabhängig voneinander. Man konnte 20 Pfennig hineinwerfen, musste es aber nicht. Schwarzfahrern konnte kaum etwas nachgewiesen werden.

Nicht ganz umsonst, aber immer noch preiswert waren die anderen Verkehrsmittel der DDR. Es haperte aber an der Zuverlässigkeit. Die Züge der »Deutschen Reichsbahn«, wie die Staatsbahn der DDR kurioserweise immer noch hieß, waren schmutzig und überfüllt. Schon bei der ersten Schneeflocke fielen sie oft wegen »extremer Witterungsbedingungen« aus. Ähnliches erlebte man mit Bussen und Straßenbahnen. Über die gesamten 40 Jahre seiner Existenz hinweg investierte der Staat wenig in sein Verkehrssystem.

Darum war das eigene Auto auch im Sozialismus der Wunschtraum vieler Menschen. Keineswegs gab es nur den Trabi: In Eisenach wurde der Wartburg gefertigt und aus den sozialistischen Staaten wurden zum Beispiel Škodas und Ladas importiert. Die führenden Persönlichkeiten wurden in der westlichen Luxusmarke Volvo chauffiert.

Doch das unangefochtene Symbol des DDR-Alltags war der Trabant, zu Deutsch »Begleiter«, und tatsächlich begleitete das Automobil das Leben vieler DDR-Bürger wie ein treuer

1 Ladenstraße des VEB Baumwollspinnerei und Zwirnerei Leinefelde, Bezirk Erfurt, 1971
2 Kaufvertrag eines Trabant 601-S aus dem Jahr 1983

23

Freund — zuerst als Traum, denn auf einen Neuwagen musste man bis zu 16 Jahre warten, dann als Statussymbol, fahrbarer Untersatz und Hobby.

Der Trabi war simpel konstruiert, sodass die glücklichen Besitzer einer »Rennpappe« die meisten Gebrechen selbst reparieren konnten. Die Karosse aus Duroplast, einer Mischung aus Baumwollfilz und Kunstharz, rostete nicht und sparte teure Tiefziehbleche.

Mutig machte sich mancher mit dem Trabi auf große Fahrt, etwa nach Bulgarien, die Reparaturtricks im Kopf. So entwickelten die Trabi-Besitzer ein liebevolles Verhältnis zu ihrem Auto.

Der Trabi wurde sogar im Schlager besungen — »Ein himmelblauer Trabant, der fuhr über's Land ...« — und war auch Gegenstand vieler Witze: »Was ist ein Trabi auf einem Berg? — Ein Wunder!«.

PRIVATE PKW NACH FAHRZEUGTYPEN IN DER DDR, 1988

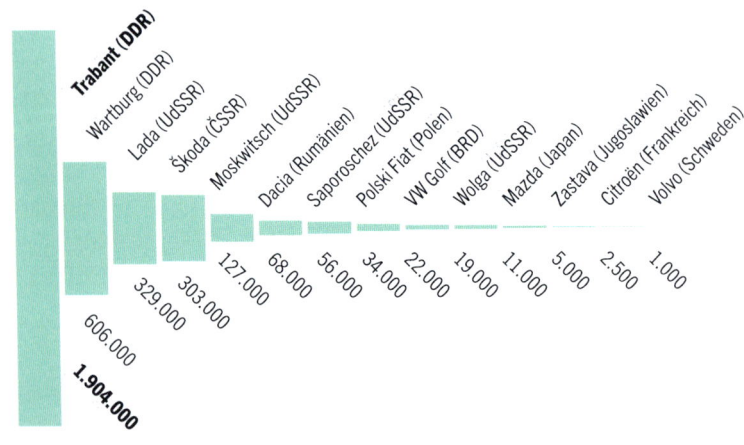

- Trabant (DDR): 1.904.000
- Wartburg (DDR): 606.000
- Lada (UdSSR): 329.000
- Škoda (ČSSR): 303.000
- Moskwitsch (UdSSR): 127.000
- Dacia (Rumänien): 68.000
- Saporoschez (UdSSR): 56.000
- Polski Fiat (Polen): 34.000
- VW Golf (BRD): 22.000
- Wolga (UdSSR): 19.000
- Mazda (Japan): 11.000
- Zastava (Jugoslawien): 5.000
- Citroën (Frankreich): 2.500
- Volvo (Schweden): 1.000

Bild DDR Museum

DATEN TRABANT 601

- Grundvariante: Als Limousine oder Universal (Kombi)
  »S« (Sonderwunsch)
  »de Luxe« (zweifarbige Lackierung)
- Vorgänger und Nachfolger:
  P 50 »Trabant«: 1957 – 1962
  Trabant 600 (P 60): 1962 – 1964
  Trabant 601 (P 601): 1964 – 1990
  Trabant 1.1: 1990/91
- Motor: Zweizylinder Zweitakter (26 PS)
- Leergewicht: ca. 650 kg
- Wartezeit: bis zu 16 Jahre
- Preis 1980er Jahre: je nach Ausstattung um 12.000 M

Etwas unscheinbar mag das Schulheft mit handschriftlichen Eintragungen anmuten, doch das Mangeltagebuch ist ein kleiner Schatz der Museumssammlung. Ingeborg Lüdicke hat fast täglich dokumentiert, welche Produkte es in ihrer Region nicht zu kaufen gab: ein besonderes Zeitdokument der Alltagsgeschichte.

Neben einer Aufstellung der Produkte, die im Einzelhandel nicht verfügbar waren, beschreibt sie Probleme im Dienstleistungssektor und im Gesundheitswesen, die in verschiedener Form demselben Mangel geschuldet waren. Fehlte es an Gütern, konnten Gaststätten nur ein abgespecktes Speisenangebot bieten. Erfolgte eine Lieferung von knappen Produkten,

blieben Büros unbesetzt oder der Arzt hängte ein Schild vor die Tür: Heute keine Sprechstunde. Wer wollte schon die Gelegenheit versäumen, irgendwo ein Mangelprodukt zu ergattern?

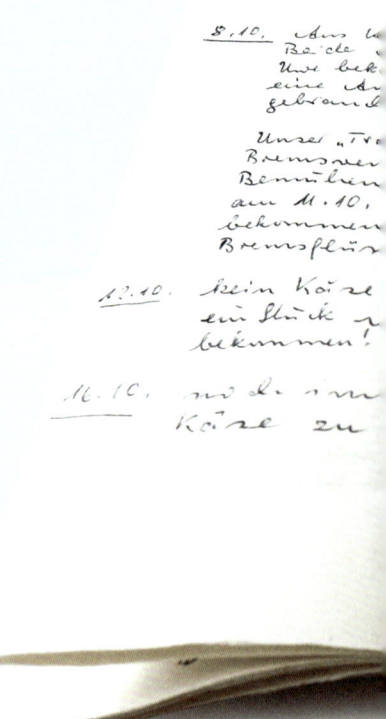

Doch nicht nur den Mangel zeigt das Tagebuch, sondern auch die Art und Weise, in der DDR-Bürger auf Versorgungsschwierigkeiten reagierten. Auf manche Waren wurde regelrecht Jagd gemacht, Herumrennen und Schlangestehen gehörten zu den täglichen Verrichtungen. Aber auch kreativ und erfinderisch zeigten sich die Bürger darin, dringend Benötigtes selbst zu basteln, zu improvisieren oder etwas auf andere Weise zu ersetzen.

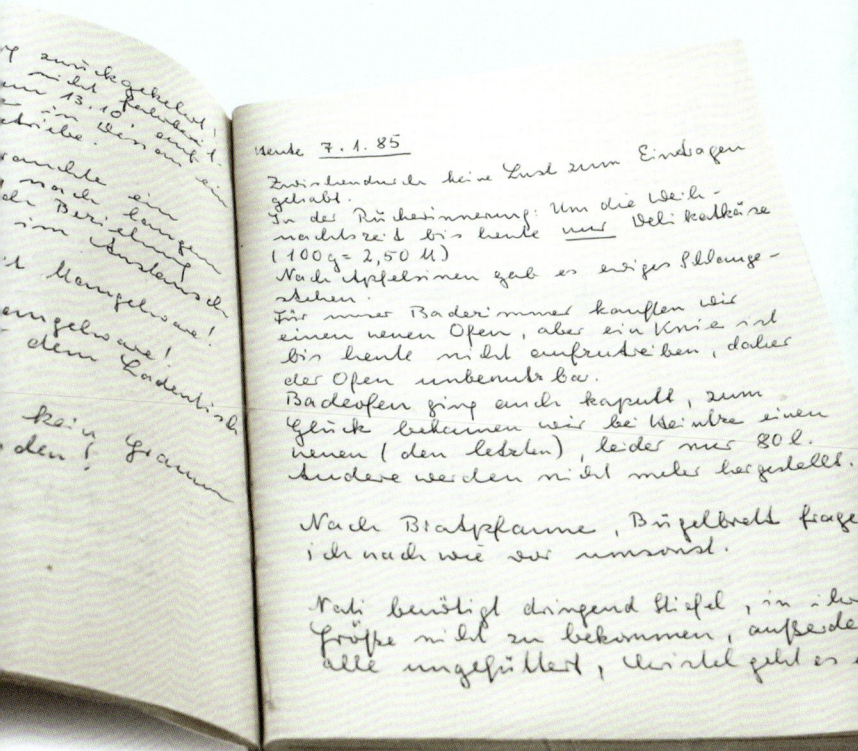

DIE DDR ALS BERGSTAAT

Der Volksmund witzelte, die DDR sei ein Bergstaat: Ein Engpass folge dem nächsten. Doch während im Hochgebirge die Engpässe dort bleiben, wo sie sind, waren im sozialistischen Einzelhandel die ständig wechselnden Serpentinen nicht voraussehbar. Einmal fehlte es in der Planwirtschaft an Schreibpapier und Briefumschlägen, dann verschwand das Knäckebrot aus den Regalen. Frischobst und Gemüse waren fast immer knapp. Auch von Ort zu Ort gab es große »Höhenunterschiede«. Berlin war stets deutlich besser versorgt. Leipzig erlebte zweimal jährlich zur Messe einen Aufschwung. Es folgten die Bezirksstäd-

te und auf der unteren Talsohle der Versorgungslandschaft rangierten die Kleinstädte und Dörfer.

Was nicht leicht zu bekommen war, lag bald nicht mehr im Regal der Kaufhallen, sondern häufig unter der Theke des Verkäufers, der zum »Verwalter des Mangels« avancierte: Er musste sich bücken, um die verborgenen Bestände für den »besonderen« Kunden hervorzuholen. So entstand das Wort von der »Bückware«. Dabei kam es auf die Stellung des Kunden im unsichtbaren Beziehungsgeflecht an. Wer etwas zu bieten hatte, war auch woanders gern gesehen.

Gab es eine begehrte Mangelware, funktionierte der Buschfunk schnell

Kaufhalle am Töpfertor,
Nordhausen, 1982

und flächendeckend. Selbst diejenigen, die die Produkte gar nicht brauchten, kauften sie auf Vorrat oder als Tauschobjekt. So führte der Mangel zur Verschwendung im großen Maßstab. Daraus ergaben sich geradezu skurrile Erscheinungen: In den Läden war fast nie Bettwäsche zu finden, doch die Wäscheschränke in den Wohnungen quollen über davon. Zudem landeten viele überalterte Lebensmittel und anderer überflüssiger Kram im Müll — und da gab es schon das nächste Problem. Die Mülltonnen waren zu klein, wurden oft nicht abgeholt und quollen über — der Kreislauf von Mangel und Verschwendung war eine Spirale ohne Ende.

29

»1000 KLEINE DINGE
IM KONSUM FÜR DICH BEREIT!«

1

3

5

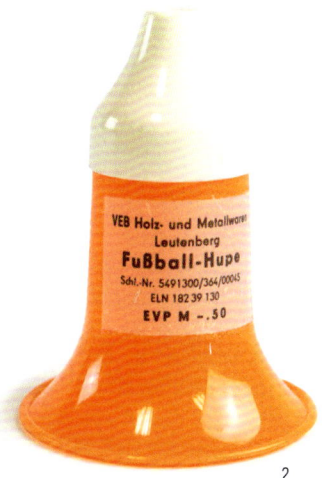

2

4

6

Viele Privatbetriebe wurden bereits in den 1950er Jahren enteignet. 1972 führte eine neue Welle von Verstaatlichungen zu großen Marktlücken, da gerade die kleinen Privatfirmen die für den täglichen Bedarf notwendigen Dinge herstellten. Den volkseigenen Betrieben fehlten Zulieferer. Unregelmäßige Materialbereitstellung, Arbeitskräftemangel in der volkseigenen Industrie und die kaum kostendeckenden Einheitspreise machten die Herstellung der 1000 kleinen Dinge unattraktiv – keine guten Voraussetzungen, um die kleinen Alltagshelfer in jeder Kaufhalle ausreichend anzubieten.

Als Teil der ökonomischen Hauptaufgabe sollte die Produktion von dringend benötigten Konsumgütern wie Haushaltsscheren, Kochsieben, Schnürsenkeln oder Nägeln fortan gesteigert und in jedem Betrieb umgesetzt werden. Klare Regeln und Aufgabenverteilungen gab es aber nicht. Ein Papierhersteller stellte zusätzlich Büchsenöffner her, nicht wissend, dass sich auch ein Kunststoffproduzent dazu entschieden hatte. Beide brauchten nun Kapazitäten für die Erfüllung des eigentlichen Produktionsplans auf, und noch keiner hatte sich um Haarnadeln gekümmert.

1 Dosenöffner
2 Fußball-Hupe
3 Zahnbürste
4 Schnürsenkel
5 Kochsieb
6 Flaschenöffner

»HAM WA NICH!«

In der DDR herrschten weder Not noch Elend, doch es gab nahezu keine Ware, die immer und überall ausreichend vorhanden war. In der Tat produzierte die DDR-Wirtschaft viele Produkte von Weltniveau und sie war das wirtschaftlich fortschrittlichste Land des Ostblocks. Ging man jedoch in die Geschäfte und Kaufhallen des sozialistischen Einzelhandels, war von der hochgerühmten Wirtschaftskraft nicht viel zu spüren.

Einmal fehlten Schreibpapier und Briefumschläge, ein andermal gab es keinen Honig oder kein Knäckebrot.

Obst und Gemüse waren fast immer knapp, nicht nur Südfrüchte, auch Tomaten und Gurken. Fleisch und Wurst für das Wochenende kaufte die kluge Hausfrau möglichst schon am Donnerstag.

Grund für das Durcheinander war die Planwirtschaft. Alle Waren wurden von der staatlichen Verwaltung zugeteilt, dabei kam ein Großteil davon an völlig falscher Stelle an. Manche Produkte bekamen die Käufer kaum zu Gesicht, weil sie für den Export bestimmt waren, andere

1

wurden schlichtweg nicht in ausreichender Menge produziert. Der Mangel führte nicht zu Sparsamkeit sondern zu Verschwendung. Die Preise richteten sich im Sozialismus nicht nach Angebot und Nachfrage, sondern waren staatlich festgelegt und teilweise erheblich subventioniert. Mieten, Strom, Gas, Wasser und manche Grundnahrungsmittel waren so billig, dass die Menschen allzu großzügig damit umgingen. Der DDR-Kunde war wie ein Jäger ständig »auf dem Anschlag«. Er trug immer einen zu-sammengefalteten Einkaufsbeutel in der Tasche – »falls es irgendwo was gibt«. Wenn vor dem Laden eine Schlange war, stellte er sich an und fragte dann erst, was es denn zu kaufen gäbe. Man kaufte nicht, was man brauchte, sondern das, was vorrätig war. Das ewige »Ham wa nich!« der überlasteten und genervten Verkäuferinnen wurde zur ständigen Floskel, die den Alltag in der DDR begleitete.

1 Schlange vor einer Buchhandlung, 1988
2 Kaufhalle am Berliner Platz im Erfurter Neubaugebiet Nordhäuser Straße, 1975
3 (nächste Seite) Kinderabteilung des Centrum-Warenhauses am Berliner Alexanderplatz, 1970

2

KONSUMGENOSSENSCHAFT

1945 gegründet, verfügte die »Konsumgenossenschaft« 1980 über mehr als 35.000 Verkaufsstellen hauptsächlich auf dem Land, fast 6.000 Gaststätten und mehr als 1.000 Produktionsbetriebe für Waren des täglichen Bedarfs.

KONSUMENT-WARENHÄUSER: 1988 gab es in 13 Städten ein »Konsument-Warenhaus«. Kunden konnten Rabattmarken sammeln, für die es am Ende jeden Jahres eine Rückvergütung gab.

KONSUMENT-VERSANDHAUS: Hosen, Schuhe, Taschen, Schmuck, Radios, Möbel: All dies versprach der Katalog des »Konsument-Versandhauses« aus Karl-Marx-Stadt (Chemnitz). Insbesondere die Landbevölkerung sollte durch dieses Versandhaus seit 1961 versorgt werden. Der Versandhandel musste 1976 eingestellt werden, als die Nachfrage immer weniger befriedigt werden konnte.

GENEX-VERSANDHANDEL

Die »Geschenk- und Kleinexporte GmbH« (Genex) war ein 1956 von der DDR gegründetes Unternehmen, das dem Staat Devisen beschaffen sollte. Bundesbürger konnten Waren wie Fernsehgeräte, Möbel, Haushaltsgeräte und sogar Fahrzeuge für ihre Verwandten oder Freunde in der DDR bestellen.

HANDELSORGANISATION

Die HO bot nach dem Krieg markenfreie Lebensmittel und andere Produkte zu überhöhten Preisen an, um den Geldkreislauf anzukurbeln. Die Preise näherten sich schrittweise an die der Konsumgenossenschaft an. Dennoch wurden nach der Angleichung beide Läden weitergeführt.

INTERSHOPS: Seit 1955 wurden auf See- und Flughäfen Devisengeschäfte für westliche Reisende eingerichtet. Das Netz der Geschäfte wurde immer weiter ausgebaut. Durch die Erlaubnis für DDR-Bürger, Devisen zu besitzen, konnten auch sie faktisch dort einkaufen. Zur besseren Kontrolle bezahlten diese seit 1979 mit Forum-Schecks.

CENTRUM-WARENHÄUSER: »Centrum-Warenhäuser« gab es in den meisten mittleren und großen Städten. Sie boten ein relativ breites Sortiment an Konsumgütern. In den 1970er Jahren entstanden große Neubauten, unter anderem am Berliner Alexanderplatz.

CENTRUM-VERSANDHAUS: Großversandhaus mit Sitz in Leipzig. 1956 als erstes Versandhaus für die Versorgung der Landbevölkerung gegründet. Schnell wurde deutlich, dass der Versandhandel zunächst insbesondere in der Stadt genutzt wurde. Lieferengpässe waren ständiger Begleiter des Versandhandels.

EXQUISIT- UND DELIKAT: Ab 1962 wurden »Exquisit«- und ab 1966 »Delikat-Geschäfte« eingeführt, die zu höheren Preisen Qualitätsprodukte anboten. Zur Abschöpfung der Kaufkraft wurden dort zu hohen Preisen Importe auch aus dem »Nichtsozialistischen Wirtschaftsgebiet« angeboten. Aber auch Waren aus der Grundversorgung wurden zum Ärgernis der Bevölkerung abgezogen.

DIE REPUBLIK DER LAUBENPIEPER

Obwohl der Schrebergarten seit dem 19. Jahrhundert zum Alltag der Arbeiter gehörte, wurden die Laubenpieper in der DDR oft als Kleinbürger und Spießer geschmäht. Andererseits brauchte man die Eigenleistung der Kleingärtner und Kleintierzüchter zur Aufbesserung der Versorgung. Die bei staatlichen Sammelstellen abgelieferten Produkte wurden gut bezahlt oder mit Gegenleistungen wie Hühnerfutter vergolten. Frisches Obst und Gemüse wurden in den Westen exportiert und brachten Devisen. Natürlich entging es der Partei- und Staatsführung nicht, dass sich die Menschen zunehmend hinter ihren Gartenzäunen einigelten. Die Arbeit auf dem Grundstück nahmen viele wichtiger als ihre Tätigkeit im volkseigenen Betrieb. Manch einem

Zu DDR-Zeiten typische Datsche, 1986

diente die Arbeit von Montag bis Freitag vor allem dazu, Material, Transporte und Feierabendschichten für das Wochenende zu organisieren. Spätestens in den 1980er Jahren begann die SED-Führung, die Schrebergartenidylle zu akzeptieren. Besser die Menschen fliehen auf ihre Datschen als in den Westen, sagte sich die Partei, und so wurde dies zum Symbol des allgemeinen Rückzugs ins Private.

VOLKSEIGENE WARENWELT

Die Namen der Produkte in den Kaufhallen versprachen eine Glitzerwelt,
die sich nur wenig von den Verspre-
chungen der westlichen Werbung
unterschied. »Diamant« hießen die
Fahrräder der DDR-Produktion, »Carat«
die begehrte Schrankwand, »Gold-
krone« war ein beliebter Weinbrand,
»Juwel« eine Zigarettensorte. Der
Klebstoff »Duosan rapid«, die »Tempolinsen« oder der Malzkaffee »Im Nu«
ließen Modernität und Rationalität
vermuten, ebenso wie »Kurzkoch-
reis« in Beuteln und praktische Fertig-
gerichte. Das »bisschen Haushalt«
sollte sich schnell und nahezu »von
allein« machen.

Trotz dieser verheißungsvollen Produktpalette wurden die heimlichen
Träume der Kunden vom Werbefern-
sehen der Bundesrepublik bestimmt.

»Das ist ja wie aus dem Westen!«, blieb
das höchste – meist ironisch gemein-
te – Lob des DDR-Bürgers für ein Pro-
dukt aus der volkseigenen Produktion.

Über Westpakete flossen ständig
westliche Waren in die DDR. Zunächst
war dieser Warenstrom der Partei gar
nicht recht: Westliche Kleidung in Schulen, westliches Schreibgerät oder andere Utensilien konnten tadelnde Wor-
te des Lehrers zur Folge haben. Bilder
von Popstars oder Fußballern der Bun-
desliga waren beliebte Tauschware,
wenn sie nicht vorher von den Leh-
rern eingezogen wurden.

In den späten Jahren der DDR ak-
zeptierte die Partei den stillen Import,
weil er den Einzelhandel entlastete
sowie eigene Engpässe abschwächte.

Am liebsten war es der DDR-Führung aber, wenn im »Intershop« die Westgeldkassen klingelten. In den Devisenläden gab es nach dem Muster der Duty Free Shops steuerfrei Westwaren und den Duft der großen weiten Welt – dafür aber auch stolze Preise.

ÖFFENTLICHES LEBEN

39

RUHM UND EHRE DER ARBEIT

1

Stolz nannte sich die DDR »Arbeiter-und-Bauern-Staat«. Zwar hatten weder die Arbeiter noch die Bauern im Staat viel zu sagen, doch die Losungen verkündeten den Ruhm der Arbeit, und die Werktätigen in Stadt und Land standen im Mittelpunkt der nimmermüden Propaganda. In der Tat hatte jeder einen Arbeitsplatz. Es herrschte nicht allein Vollbeschäftigung, sondern ein permanenter Arbeitskräftemangel. Deswegen gab es eine Arbeitspflicht. Nicht zu arbeiten galt als »asozial« und wurde bestraft.

Der Arbeitsplatz war der Mittelpunkt des Lebens. Zu den Betrieben gehörten Krippen, Kindergärten, Sport- und Kulturstätten, Polikliniken, Ferienheime und Kinderferienlager. Die Arbeitsstelle delegierte hoffnungsvolle Jungkader zum Studium und stellte sie danach auch ein. Sie kümmerte sich sogar um die ehemaligen Betriebs-

2

1 Werkeingang des Petrolchemischen
Kombinates Schwedt an der Oder, 1979
2 Familie bei der Feldarbeit in Birkholz im
Bundesland Sachsen-Anhalt, 1982

angehörigen und schickte ihnen zu
Weihnachten ein Päckchen.

So wurde für viele Menschen der
Arbeitsplatz zur zweiten Heimat und
es war nicht ungewöhnlich, dass jemand ein ganzes Berufsleben lang
seinem Betrieb treu blieb. Die Kollegen
der sozialistischen Brigade gehörten
nicht selten auch zum Freundeskreis,
man feierte zusammen, machte Ausflüge, fragte nach, wenn einer mal nicht
zur Arbeit kam und half sich gegenseitig bei Umzügen oder Wohnungsrenovierungen – oft mit dem Material,
das man im Betrieb abgezweigt hatte. So wurde das Kollektiv einerseits
zur staatlich geförderten und ideologisch überhöhten Keimzelle der sozialistischen Menschengemeinschaft, anderseits zur Selbsthilfeorganisation im
Überleben in der Mangelgesellschaft.

41

BRUTTOGEHALT NACH GEHALTSGRUPPEN, 1988

899 – 1.275 M

PRODUKTIONSARBEITER (Lohngruppe 4 – 9)

1.024 – 1.493 M

MEISTER (Gehaltsgruppe 8 – 11)

1.113 – 2.098 M

HOCH- U. FACHSCHULKADER (Gehaltsgruppe 9 – 14)

647 – 1.107 M

TECHN.-ÖKONOM. FACHKRÄFTE (Gehaltsgruppe 4 – 9)

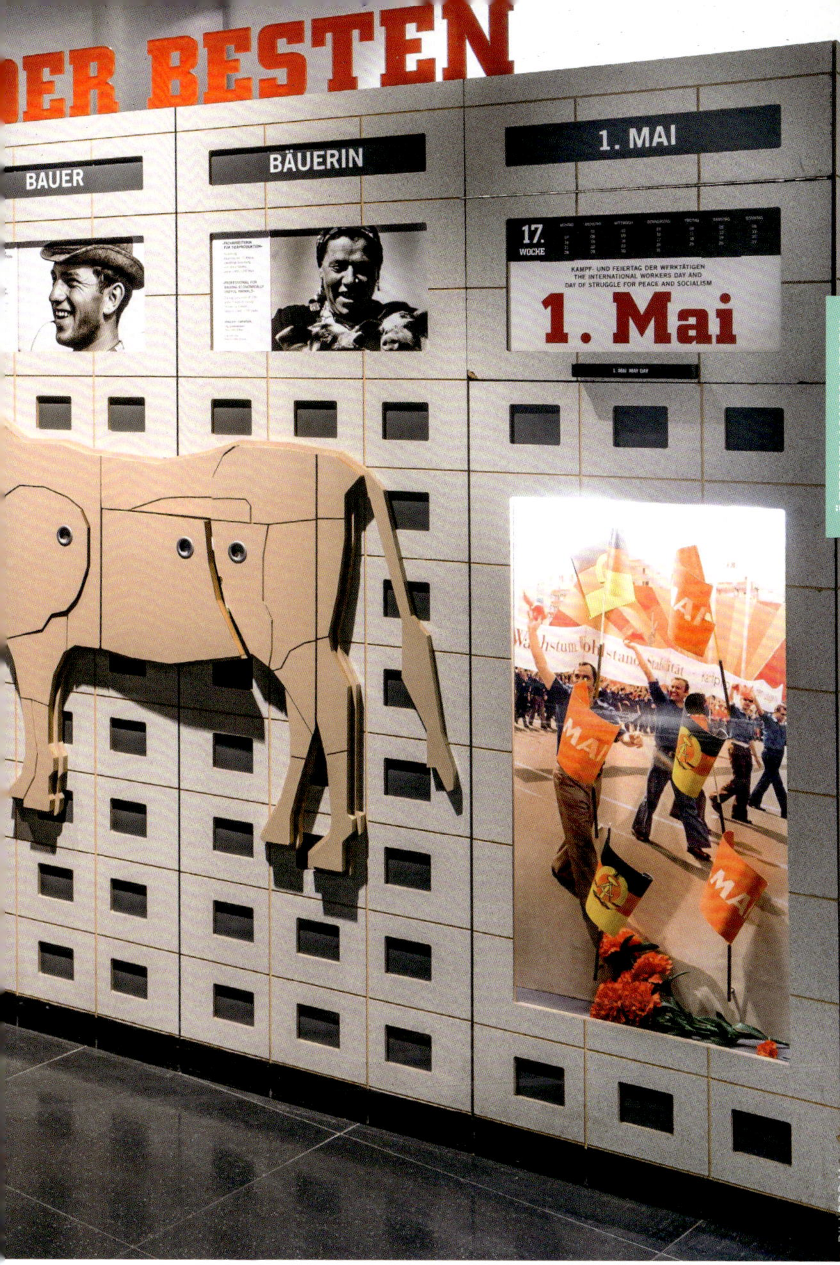

DER BESTEN

BAUER

BÄUERIN

1. MAI

17. WOCHE

KAMPF- UND FEIERTAG DER WERKTÄTIGEN
THE INTERNATIONAL WORKERS DAY AND
DAY OF STRUGGLE FOR PEACE AND SOCIALISM

1. Mai

Wo kann der technische Fortschritt einen deutlicheren Ausdruck finden als beim Übergang vom mechanischen Rechenschieber, der in seiner Grundkonstruktion schon einige hundert Jahre alt ist, zum elektronischen Taschenrechner? Der nicht programmierbare Gleitkomma-Taschenrechner SR1 wurde vom VEB Mikroelektronik »Wilhelm Pieck« Mühlhausen entwickelt und hergestellt. SR steht für Schulrechner. Der Designentwurf aus dem Jahr 1981 stammte von Gerhard Bieber und Hartmut Voigt. Jährlich wurden etwa 850.000 dieser Rechner hergestellt und zum subventionierten Preis von 123 Mark gegen Vorlage eines Bezugsscheines an Schüler verkauft. Mit 800 Mark war der baugleiche Rechner MR 609 im freien Handel wesentlich teurer.

In der Erweiterten Oberschule (EOS) wurde der SR1 zum Schuljahr 1984/85 und in der Polytechnischen Oberschule (POS) ab Klasse 7 zum Schuljahr 1985/86 in der gesamten DDR eingeführt. Lehrer- und Schülerrechner unterschieden sich dabei nur an den Hüllen: Lehrer bekamen ein klappbares, rotbraunes Kunstlederetui. Um Diebstahl vorzubeugen, mussten die jeweiligen Namen auf der Metall-Rückseite des Rechners eingraviert oder eingekratzt werden.

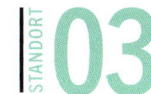

SCHULRECHNER 7353 STEHT FÜR »ESEL«

STANDORT 03

Die verwendeten Energiespender waren wohl technische Wunderwerke: Einige SR1 laufen heute noch mit den ersten Batterien – nach nunmehr über 30 Jahren.

Ganz nebenbei: Machen Sie sich doch mal den Spaß und geben die Zahl 7353,315 in Ihren Taschenrechner ein. Dann drehen Sie ihn auf den Kopf. Nun steht dort »SIE ESEL«. Das war eine der kleinen Spielereien, an die sich einige sicherlich noch schmunzelnd erinnern.

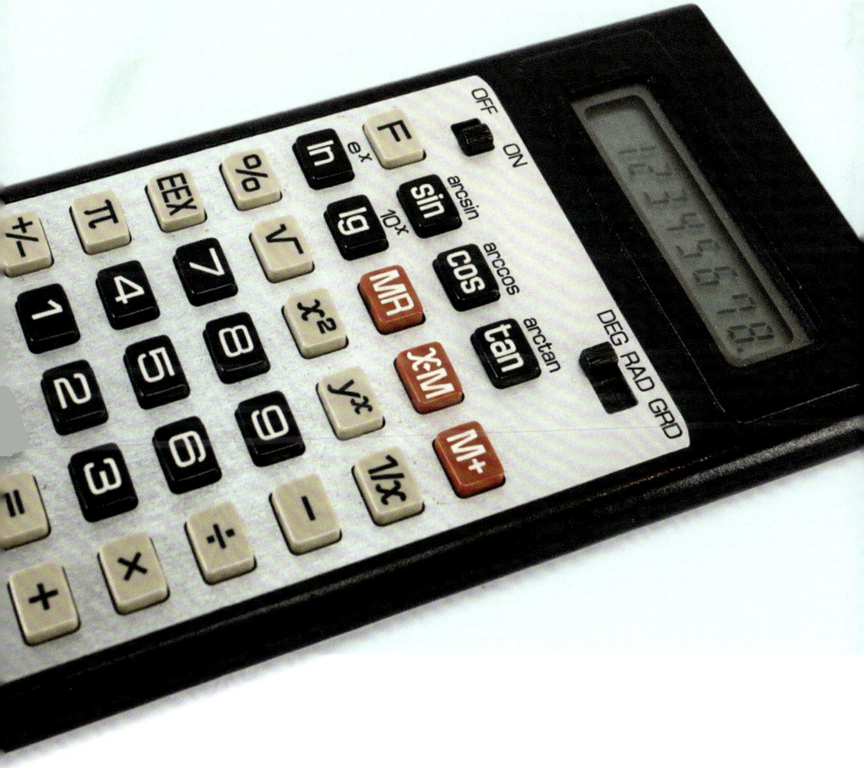

»LERNEN, LERNEN UND NOCHMALS LERNEN«

(Wladimir Iljitsch Lenin)

»Genosse Direktor, die Schule ist angetreten!«, schallte es jeden Montagmorgen über viele Schulhöfe. Langsam erhob sich die Flagge und aus hunderten Kehlen ertönte ein Pionierlied. Bildung war auch Erziehung zum sozialistischen Staatsbürger.

Besonders in den gesellschaftswissenschaftlichen Fächern regierte das Wiederkäuen der vorgegebenen Parolen. Die Thesen der Klassiker des Marxismus-Leninismus waren auf einen festen Kanon von Floskeln reduziert. Nach Abschluss der Schulausbildung wurde dieser Stoff an den Universitäten noch einmal wiederholt. Jeder Student hatte diesen Grundkurs zu absolvieren und mit einer schriftlichen Arbeit und einer mündlichen Prüfung abzuschließen. Vor Ablegung der Doktorprüfung wurde diese Pflichtübung ein drittes Mal wiederholt.

Leistung wurde großgeschrieben, vor allem in Mathematik und den Naturwissenschaften waren die Anforderungen hoch. Nach dem Unterricht war die Schule nicht vorbei: Die einen zogen als »Junge Naturforscher« durch die schöne Heimat, andere knobelten an den Aufgaben der Mathematikolympiade, oder sie bereiteten sich als künftige Kosmonauten an Sportgeräten für den Aufenthalt in der Schwerelosigkeit vor.

Auch der Sport und die Wehrerziehung nahmen eine prominente Rolle ein. Der Sportunterricht diente ganz offen der Vorbereitung zum Militärdienst. Außerdem wurden im Rahmen der GST, der Gesellschaft für Sport und Technik, Schießen geübt, aber auch so mancher Führerschein gemacht. Selbst an den Universitäten gab es einmal in der Woche Pflichtsport und eine Abschlussprüfung mit einem Sprung vom Fünfmeterbrett. Jeder männliche

Eine kleine Sportübung soll den Erstklässlern das Stillsitzen erleichtern, Oberschule »Fritz Beckert« Berlin, 1985

Student hatte ein einmonatiges Militärlager zu durchlaufen, jede Studentin einen ebenso langen Kurs in Zivilverteidigung.

So produzierte das Bildungssystem erfolgreiche Sportler, gute Soldaten, fleißige Ingenieure und qualifizierte Wissenschaftler. Doch kritisches Denken war unerwünscht.

1988 erregte der Schulverweis von vier Berliner Schülern viel Aufsehen. Sie hatten an der Wandzeitung den Sinn der alljährlichen Militärparaden infrage gestellt. Der Vorgang wurde durch Bürgerrechtskreise bekannt und im Westen publik. Doch viele solcher Fälle vollzogen sich in den Jahren zuvor von der Öffentlichkeit unbeachtet.

Das Angebot zur Kinderbetreuung war vorbildlich. Der Staat benötigte die Arbeitskraft der Mütter und schaffte hierfür Kinderkrippen- und Kindergartenplätze in ausreichender Zahl. So konnte die Erziehung zum sozialistischen Staatsbürger schon im Kleinkindalter beginnen: Zählen mit Spielzeugpanzern und -soldaten war keine Seltenheit.

Um die Kinder schnell von der Windel zu entwöhnen, ließen die Erzieher die Kinder auf der Töpfchenbank sitzen — so lange, bis alle fertig waren. Der niedersächsische Kriminologe Prof. Pfeiffer sah darin in den 1990er Jahren einen Grund für den starken Rechtsextremismus in den neuen Bundesländern. Die »Töpfchendebatte« begann. Der Streit hat sich allerdings gelegt und heute werden wieder Töpfchenbänke in einigen Kinderkrippen verwendet — allerdings ohne den Anspruch, zeitgleich sozialistische Tugenden anzuerziehen.

DAS SCHULSYSTEM DER DDR

- Polytechnische Oberschule (POS):
  zehnstufige Regelschule, verpflichtend bis zur 8. Klasse
- Erweiterte Oberschule (EOS): zum Abitur führende
  Schule von der 9. bis zur 12. Klasse
- Facharbeiterausbildung: 2-jährige duale Ausbildung nach der POS
- Fachschule (medizinisch-pädagogisch): 3-jähriges Studium
  nach der POS für Berufe wie medizinische Assistenten und Erzieher
- Fachschule (technisch-ökonomisch): 3-jähriges Studium nach
  der Facharbeiterausbildung für Berufe wie Ingenieure (ohne Diplom)
- Universität: fünfjähriges Studium

WERDEGANG DER ABSOLVENTEN DER POLYTECHNISCHEN OBERSCHULE

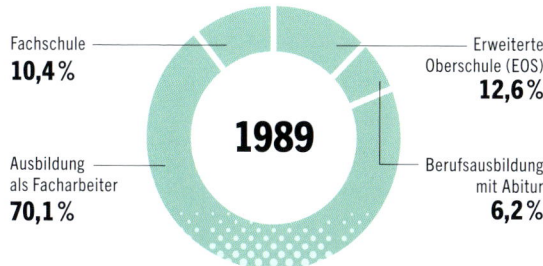

Fachschule
10,4 %

Erweiterte
Oberschule (EOS)
12,6 %

1989

Ausbildung
als Facharbeiter
70,1 %

Berufsausbildung
mit Abitur
6,2 %

BERUFLICHER BILDUNGSSTAND DER BEVÖLKERUNG (AB 14 JAHREN)

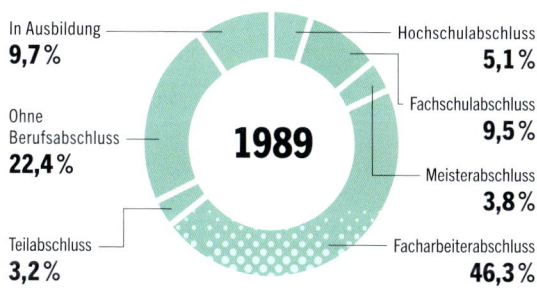

In Ausbildung
9,7 %

Hochschulabschluss
5,1 %

Ohne
Berufsabschluss
22,4 %

Fachschulabschluss
9,5 %

1989

Meisterabschluss
3,8 %

Teilabschluss
3,2 %

Facharbeiterabschluss
46,3 %

KINDERKRIPPENPLÄTZE

Je 1.000 Kinder

1950	1960	1970	1980	1986	1988
13	143	291	612	811	799

SPIELEN, LERNEN, ARBEITEN

1

1989 waren in der DDR für 94 Prozent der Kinder kostenfreie Kindergartenplätze vorhanden, die von morgens bis abends oder sogar über die ganze Arbeitswoche durchgehend zur Verfügung standen. Die SED legte Wert auf das flächendeckende Netz an Betreuungseinrichtungen, da es zum einen den Müttern die Möglichkeit bot, Familie und Vollzeitbeschäftigung unter einen Hut zu bekommen und damit den Arbeitskräftemangel auszugleichen. Zum anderen konnte der Staat frühzeitig Einfluss auf die Erziehung und Entwicklung der Kinder zu sozialistischen Persönlichkeiten nehmen.

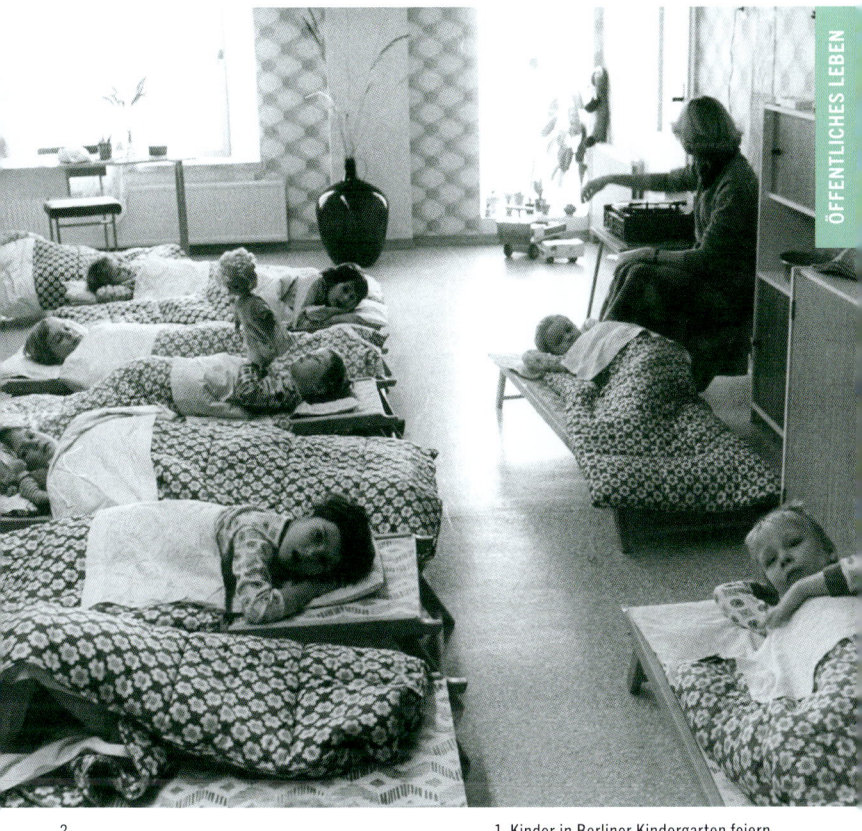

2

1 Kinder in Berliner Kindergarten feiern Kinderfasching, 1980
2 Mittagsschlaf in einem Kindergarten in Schulzendorf, Bezirk Potsdam, 1982

Das Ministerium für Volksbildung regelte die Erziehungs- und Bildungsarbeit in den Kindergärten zentral. Von den Erziehern erwartete es, neben pädagogischer Propagandaarbeit, die Anerziehung eines Kollektivbewusstseins. Die Kinder sollten die eigenen Belange hinter das Wohl der Gemeinschaft stellen. Individualität wurde nur gefördert, wo sie dem Allgemeinwohl nutzte.

Ein strenger Tagesplan sorgte sowohl für eine Erziehung zu Hygiene und gesundem Lebenswandel als auch dafür, sozialistische Tugenden wie Fleiß, Ordnungsliebe, Disziplin und Gehorsam zu erlernen.

Spielen, lernen und arbeiten waren die Basis der verwendeten sowjetischen Pädagogikkonzepte. Neben dem gemeinsamen Spiel wurde bereits auf die Schule und das spätere Leben vorbereitet. Die Kinder lernten die Buchstaben, machten erste Schreibversuche, rechneten bis zehn und besuchten Werktätige und NVA-Soldaten. Erste Arbeiten für die Gemeinschaft, wie Blumengießen und vor allem Aufräumen, mussten die Sprösslinge schon selbst übernehmen.

Doch bei all der staatlichen Einflussnahme unterliefen die Erzieherinnen oftmals die Vorgaben und boten ihren Schützlingen dennoch eine liebevolle Betreuung.

Bild DDR Museum

BETREUUNGSGRAD DER KINDER IM KINDERGARTENALTER

34,5 % 46,1 % 46,5 % 92,2 % 90,5 % 94,0 %

1955   1960   1970   1980   1984   1988

»BEI UNS IST IMMER OLYMPIA«

Der Sport wurde in der DDR intensiv gefördert. Unter dem Dach der Massenorganisation des Deutschen Turn- und Sportbundes (DTSB) gab es eine Vielzahl an Sportverbänden und Betriebssportgemeinschaften (BSG), die von ihrem Trägerbetrieb finanziert wurden. Das Sportangebot war jedoch für alle Werktätigen je nach Angebot frei wählbar. Private Vereine mit einer selbstbestimmten Organisation wurden abgeschafft, denn der Staat wollte direkten Einfluss auf die Körperkultur und den Schul- und Volkssport haben, deren hoher Wert sogar in der Verfassung verankert war.

Die Mitgliedschaft in Sportgruppen war zumeist kostenlos, sodass die Parole »Jedermann an jedem Ort – mehrmals in der Woche Sport« nicht zur hohlen Phrase werden sollte. Selbst von der Arbeit konnten sich die Werktätigen freistellen lassen, um sportliche Veranstaltungen vorzubereiten oder durchzuführen. Jedem und in jedem Alter sollte das gemeinschaftliche Schwitzen ermöglicht werden. Anreiz für das fleißige Training waren zahlreiche Wettkämpfe über Kindergarten- oder Bummibis Seniorenspartakiaden und geradezu inflationär vergebene Sportabzeichen. In Presse und Rundfunk wurde die körperliche Ertüchtigung zudem propagiert.

Den Sportverbänden wurden grundsätzlich Sportstätten kostenfrei zur Verfügung gestellt. Die Schwimm- und Turnhallen sowie Sportplätze gab es allerdings nicht in ausreichender Anzahl, sie waren teilweise in schlechtem Zustand und schlecht ausgestattet. Doch war erstmal ein Talent gesichtet, ging es sowieso in Sportschulen und sogar -kindergärten, die mit enormen Summen die zukünftigen »Diplomaten im Trainingsanzug« ausbildeten. Der Leistungssport war dem Staat ein besonderes Anliegen. Erfolgversprechende olympische Disziplinen wurden außerordentlich gefördert. In internationalen Wettkämpfen trug nicht der Sportler oder gar die DDR einen Sieg davon sondern der Sozialismus.

Dass der Sozialismus auf eine so ruhmreiche Palette an Medaillen bei Weltmeisterschaften und Olympiaden zurückblicken konnte, war jedoch nicht allein das Verdienst sportlichen Ehrgeizes und herausragender Talente. Teilweise ohne das Wissen des Sportlers wurde von Trainern und Sportärzten das Dopingmittel »Oral-Turinabol« eingesetzt. Selbst minderjährigen Sportlern verabreichte man es als »Vitaminpille«. Vom Zentralen Forschungsinstitut für Körperkultur und Sport (FKS) wurden gesundheitliche Schäden, Spätfolgen und auch Todesfälle in Kauf genommen, um den Sieg des Sozialismus voranzutreiben.

---

1 Staatschef Ulbricht beim III. Deutschen Turn- und Sportfest in Leipzig, 1959
2 (nächste Seite) Jugendliche im Stadion der Weltjugend zum Pfingsttreffen der FDJ unter dem Motto »Show mal her«, 1989

Bild DDR Museum

SPORT IST MORD

Oral-Turinabol wurde ab den 1970er Jahren massenhaft im Leistungssport eingesetzt. Das Anabolikum kräftigte die Muskeln, es regte Angriffslust und Risikobereitschaft an. Kadertrainer verabreichten die Dopingmittel als »Vitaminpillen« sogar Kindern. Sie riskierten schwere Nebenwirkungen an Leber und Hormonhaushalt. Viele Sportler trugen lebenslange Schäden davon, manche starben.

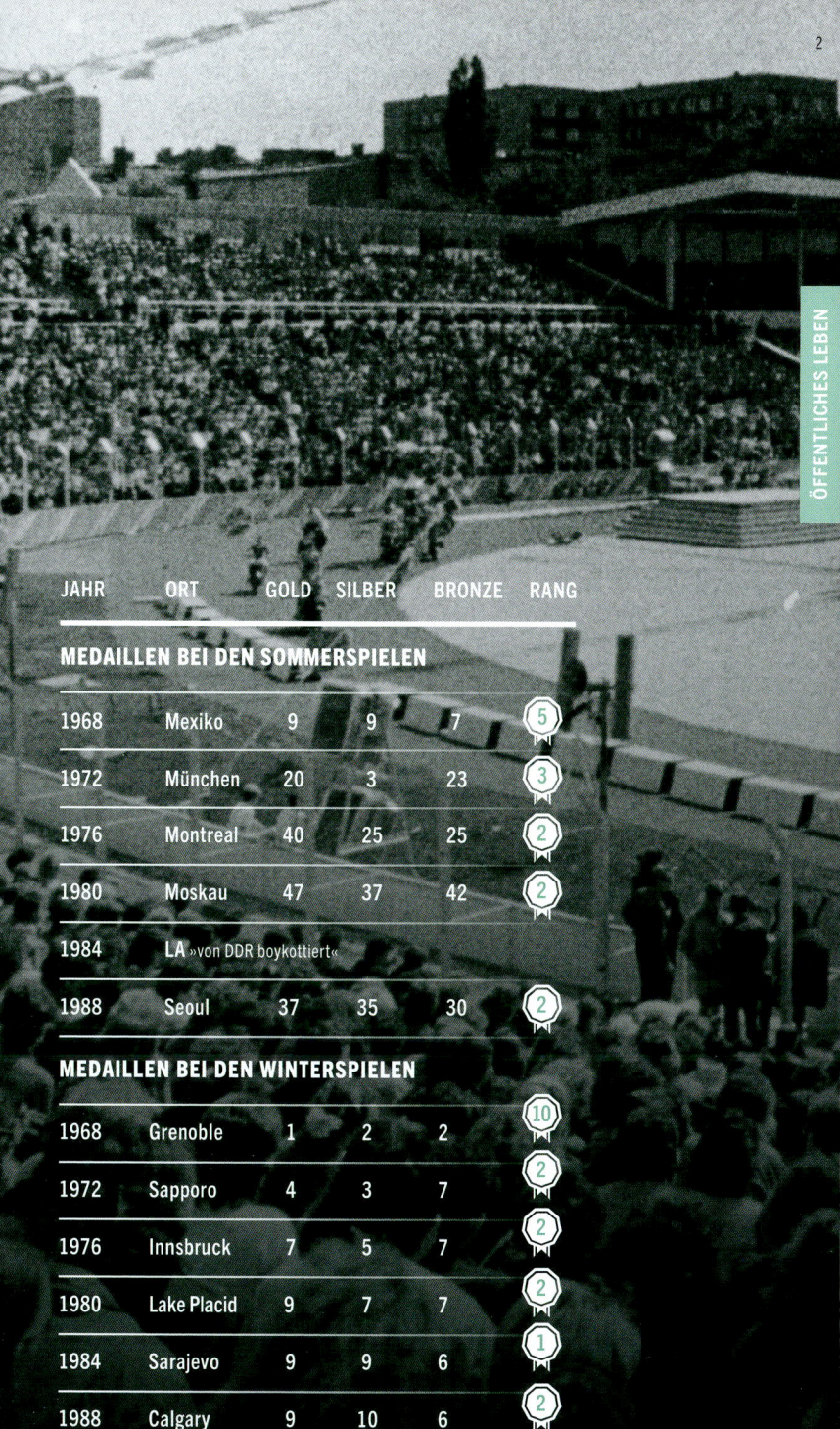

JAHR	ORT	GOLD	SILBER	BRONZE	RANG
MEDAILLEN BEI DEN SOMMERSPIELEN					
1968	Mexiko	9	9	7	5
1972	München	20	3	23	3
1976	Montreal	40	25	25	2
1980	Moskau	47	37	42	2
1984	**LA** »von DDR boykottiert«				
1988	Seoul	37	35	30	2
MEDAILLEN BEI DEN WINTERSPIELEN					
1968	Grenoble	1	2	2	10
1972	Sapporo	4	3	7	2
1976	Innsbruck	7	5	7	2
1980	Lake Placid	9	7	7	2
1984	Sarajevo	9	9	6	1
1988	Calgary	9	10	6	2

ABENTEUERURLAUB FÜR WENIG GELD

Von den Sonnenstränden des Mittelmeers träumten die DDR-Bürger vergebens. Selbst für jene Geschäftsleute, Künstler und Wissenschaftler, die als »Reisekader« in den Westen fahren konnten, war ein Familienurlaub im »Nichtsozialistischen Währungsgebiet« ausgeschlossen.

Die typische Sommerreise begann im Februar – mit einem Antrag beim Feriendienst des Freien Deutschen Gewerkschaftsbundes (FDGB), der mit seinen Ferienheimen und Hotelbetten über die meisten Urlaubsplätze im Land verfügte. Sie waren unschlagbar preiswert und sogar die Bahnfahrt war um ein Drittel ermäßigt.

Doch die Traumziele an der Ostsee waren so knapp, dass man Glück oder die nötigen Kontakte brauchte, um dorthin zu kommen. Gleiches galt für eine Unterkunft in Thüringen oder im Harz während der Wintersportsaison.

Das Niveau der FDGB-Ferienheime war bescheiden: Die meisten Zimmer hatten weder Bad noch Toilette, gespeist wurde in der Kantine. Etwas komfortabler waren oft die betriebseigenen Heime, allerdings begegnete man dort auch noch im Urlaub den Kollegen. So mancher umging die Misshelligkeiten der Massenunterkünfte und zog mit Zelten und dem halben Haushalt auf die Campingplätze der Mecklenburgi-

schen Seenplatte oder an die Ostsee, wobei auch hier nichts ohne Voranmeldung ging.

Junge Leute mit wenig Geld und viel Abenteuerlust trampten auf gut Glück nach Warschau oder Prag, nachdem dies seit 1972 ohne Pass und Visum möglich wurde. Die Nachbarländer boten ihnen einen Hauch jener Freiheit und Buntheit, die sie in der DDR so sehr vermissten. Obwohl der Lebensstandard dort niedriger war, sah die Obrigkeit vieles nicht so verbissen wie in der preußisch geprägten DDR. Gerade in Polen hingen im Kaffeehaus Westzeitungen aus, im Kino konnte man manchen in der DDR unerwünschten Film sehen und im Plattenladen seltene Herrlichkeiten erwerben. Ende Oktober 1980 jedoch wurde das Land angesichts der polnischen Freiheitsbewegung von der DDR-Obrigkeit wieder unter Quarantäne gestellt.

Reiselustige aus der DDR bevölkerten auch die Strände an der Schwarzmeerküste, den Balaton oder die Hohe Tatra — teure Urlaube, die schwer zu bekommen und bürokratisch aufwendig waren. Mancher DDR-Tourist ärgerte sich dann vierzehn Tage lang darüber, dass im sozialistischen Bruderland vor allem die Westmark begehrt war, die Ostmark dagegen nicht gerade ein Türöffner war.

Familie Möller aus
Staßfurt beim Camping
in Prerow an der
Ostseeküste, 1988

POLITIK OHNE BADEHOSE

Freikörperkultur, abgekürzt FKK, war die große Mode in der
DDR. Grund für den FKK-Erfolg war weniger die sexuelle Freizügigkeit als vielmehr der Widerstand gegen die ewige Ange-
passtheit der DDR. Oder war die Nacktheit doch eher das Zeichen wahrer Klassenlosigkeit? Die Forschung bleibt hier eine
Antwort schuldig. An fehlender Badebekleidung hat es jedenfalls nicht gelegen.

KUBA
1.283

VOM REISEBÜRO DER DDR VERMITTELTE
AUSLANDSREISEN FÜR DDR-BÜRGER, 1988

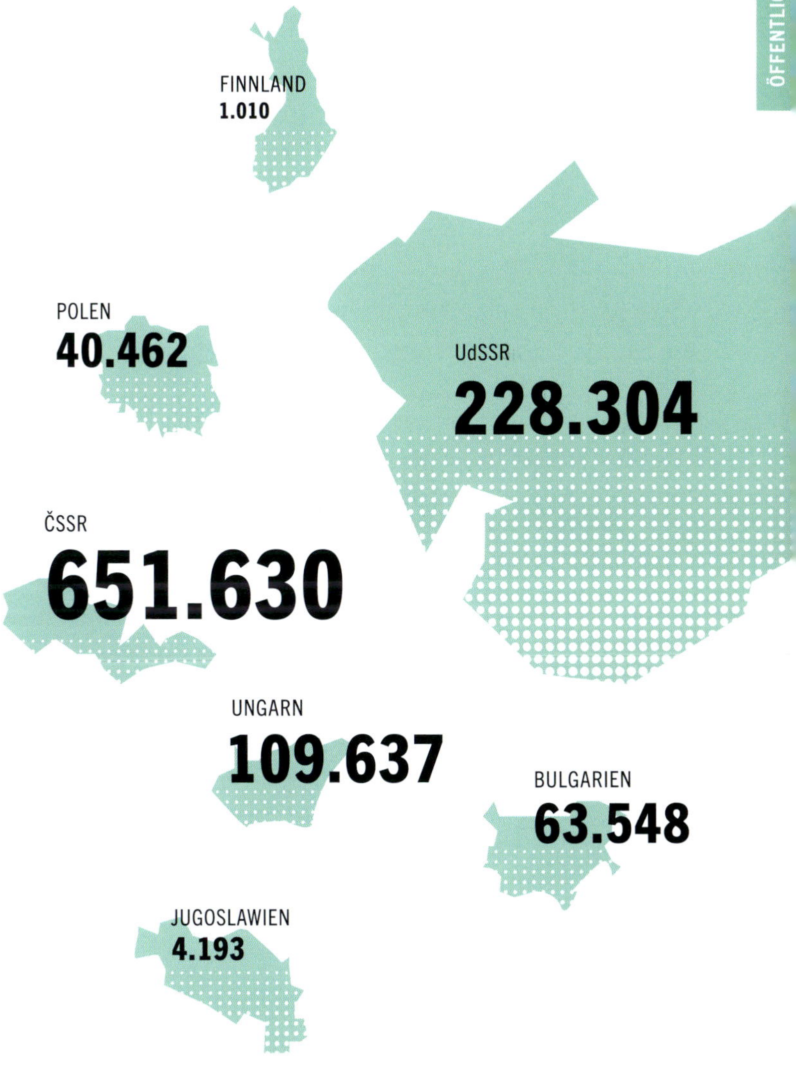

FINNLAND
1.010

POLEN
40.462

UdSSR
228.304

ČSSR
651.630

UNGARN
109.637

BULGARIEN
63.548

JUGOSLAWIEN
4.193

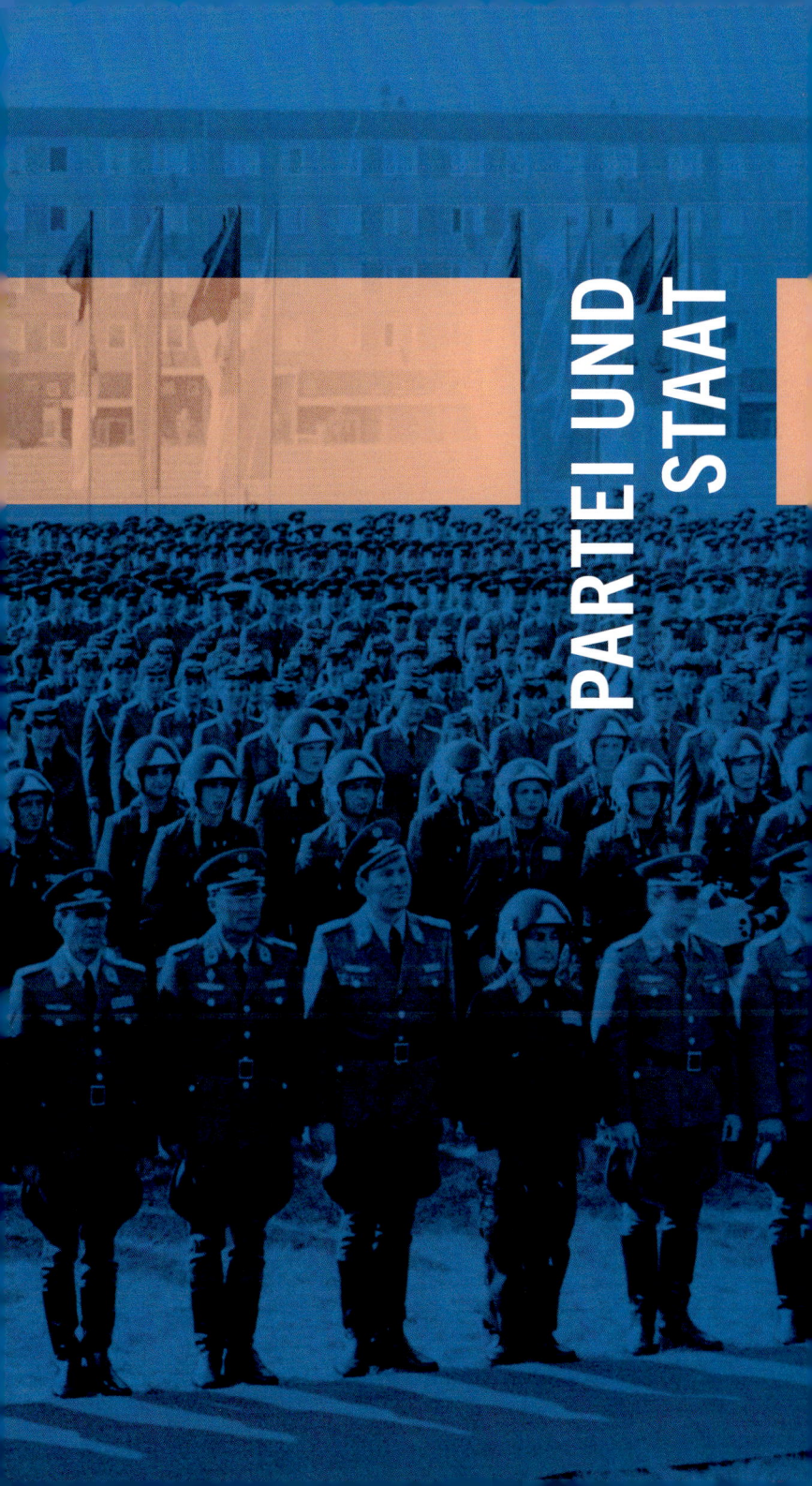

PARTEI UND STAAT

LENIN-BÜSTE
DER MANN AUS GRANIT

Am 19. April 1970 sammelte sich auf dem Leninplatz in Ostberlin eine riesige Menschenmenge. Laut Zeitungsberichten sollen es 200.000 Menschen gewesen sein. Es galt, das Monument von Wladimir Iljitsch Lenin zu enthüllen. Das Denkmal aus rotem Granit zierte von nun an die Kreuzung zwischen den sterilen Neubauten im Bezirk Friedrichshain. Der russische Revolutionär und Führer der Oktoberrevolution von 1917 wäre in diesen Tagen hundert Jahre alt geworden. Die SED hatte zu diesem Anlass ein Leninjahr proklamiert. Wer die Zeitung aufschlug, sah dort Leninbilder, im Fernsehen liefen Berichte über Lenin, im Kino Leninfilme. Es gab sogar Leninwitze: Klein-Fritzchen kam aus dem Kindergarten und erzählte, sie hätten den Geburtstag von Lenin gefeiert. Er wäre aber nicht gekommen. Der kürzeste Leninwitz: »Ich lehn ihn ab«. Richtig ausgesprochen wirkte das damals sehr lustig. Vielleicht waren die Witze das Einzige, das Lenin lebendig machte. Die allgegenwärtigen Bilder und Büsten hatten seine Persönlichkeit längst zum leblosen Mythos erstarren lassen. Seine Schriften waren die reine Parteiagitation und für die Leser in der DDR eine mühselige Lektüre. Viele Menschen verehrten Lenin als einen Vertreter der kommunistischen Ideale, die später verfälscht wurden. Immerhin hat er auf dem Totenbett Stalin als Nachfolger verhindern wollen. Doch er hat die Machtstrukturen geschaffen, die zu millionenfachem Mord führten. Insofern war es nach der Wende geboten, das Denkmal zu entfernen. Nach einigen Umwegen ist der Kopf nun in der Skulpturenausstellung der Zitadelle Spandau gelandet. Dort möge das versteinerte Fossil zur ewigen Mahnung die Zeiten überdauern.

»DU ALS GENOSSE!«

1

»Die Genossen versammeln sich nachher noch«, hieß es gelegentlich in den Büros und Betrieben der DDR. Teils angekündigt, teils überraschend mobilisierte die SED ihre Mitglieder. In den Werkhallen oder auf Baustellen war das eine kleine Minderheit, in Bildungseinrichtungen und Behörden eine größere Zahl, und auf den Chefetagen gehörten dazu praktisch alle außer den Sekretärinnen und Reinigungskräften. Wer nun dienstbeflissen zur Parteiversammlung eilte, gehörte zum inneren Kreis der Entscheidungsträger — oder konnte sich dies

zumindest einbilden. Er hörte, was los war und stand mit den wichtigen Leuten im Betrieb per du. Die Duzerei der SED-Genossen und das Anreden mit dem Vornamen schufen eine unsichtbare Grenze zu den Nichtgenossen — so lautete tatsächlich der gängige Begriff.

Ohne Parteibuch war eine Karriere nur in Ausnahmefällen möglich. Der Preis des Aufstiegs war freilich hoch. Die Partei forderte Offenheit selbst in ganz persönlichen Angelegenheiten, Linientreue und strikte Disziplin. Neben den Versammlungen und Schulungen

2

1 XI. Parteitag der SED im Großen Saal des Palastes der Republik, 1986
2 Walter Ulbricht nimmt im Hausmantel und mit Pantoffeln die Glückwünsche seines Nachfolgers Erich Honecker zum 78. Geburtstag entgegen, 1971

gab es zahlreiche weitere Aufgaben – Funktionen in den Massenorganisationen, Einsatz als Wahlhelfer, für Männer die Mitgliedschaft in den paramilitärischen Kampfgruppen. »Du als Genosse …« hieß es dann und es half kein Murren. Die Partei verfügte über einen wirksamen Strafkatalog bis hin zum Ausschluss. Dieser war ein schwarzer Fleck in der Personalakte, der kaum noch zu tilgen war.

Die 2,3 Millionen Mitglieder der SED waren das Rückgrat des Systems. Das war – wenn auch in einer vagen Formulierung – sogar in der Verfassung verankert. Entsprechende Durchführungsbestimmungen oder Gesetze gab es nicht. Praktisch war auf allen Ebenen, in jedem Betrieb, jeder Behörde und jeder Bildungseinrichtung die entsprechende Parteileitung die entscheidende Instanz. Das Prinzip galt von der Staatsspitze bis in die kleinste Gemeinde. Der Generalsekretär, also der

ZEITLEISTE

1945

Wiederzulassung der Kommunistischen Partei Deutschlands (KPD) und der Sozialdemokratischen Partei Deutschlands (SPD) in der Sowjetischen Besatzungszone

1948

Umwandlung der SED in eine stalinistische Kaderpartei

1953

Tod Stalins. Verkündung des Neuen Kurses. Volksaufstand am 17. Juni

1946

Zwangsvereinigung der KPD und der SPD zur Sozialistischen Einheitspartei Deutschlands (SED)

Das Politbüro der SED agierte wie eine allmächtige Schattenregierung. Die Ministerien und zentralen Wirtschaftsorgane waren die ausführenden Organe der SED, aber deswegen keineswegs unwichtig. Um diese Verflechtung zu begreifen, muss man

Parteichef, war in der Regel gleichzeitig das Staatsoberhaupt. Von 1960 bis 1971 war dies Walter Ulbricht. Als dieser 1971 von seinem Nachfolger Erich Honecker aufs Altenteil abgeschoben wurde, blieb er formal Staatsratsvorsitzender, also Staatschef. Um seine Machtlosigkeit zu demonstrieren, musste er die Geburtstagsglückwünsche im Morgenmantel und in Pantoffeln entgegennehmen. Die faktische Macht lag beim Parteichef Erich Honecker, der 1976 auch Staatsoberhaupt wurde.

alles zur Seite schieben, was man jemals über Staatsrecht gelernt hat. Die Gewaltenteilung zwischen Legislative, Judikative und Exekutive – also zwischen gesetzgebender, richterlicher und vollziehender Gewalt – stand im 18. Jahrhundert an der Wiege der modernen Gesellschaft. Im SED-Staat lag alle Gewalt in der Hand der Parteiführung. Der Staat war ihr Machtinstrument. Die Staatsorgane – und dadurch die Partei – bestimmten zudem über das gesamte Wirtschaftsleben. Volkseigentum war nur ein anderes Wort für

1956
XX. Parteitag der sowjetischen KPdSU leitet die Entstalinisierung ein

1971
Übergang von Walter Ulbricht zu Erich Honecker. Der VIII. Parteitag erklärt die Einheit von Wirtschafts- und Sozialpolitik

1990

1963
VI. Parteitag: Verkündung des Neuen Ökonomischen Systems der Planung und Leitung der Volkswirtschaft (NÖSPL)

1985
Erneuerungspolitik Gorbatschows in der Sowjetunion

1989
Machtverlust. Umbenennung in Partei des Demokratischen Sozialismus (PDS)

Staatseigentum. Die Wirtschaft wurde durch die Staatliche Plankommission geleitet, die alljährlich den Staatsplan erließ. Betriebliche Planung war staatliches Recht. Das Gleiche galt für die Volksbildung, die Wissenschaft, die Kultur, das Gesundheitswesen, den Sport sowie die regionalen und kommunalen Gremien. Die gesamte Gesellschaft war verstaatlicht. Doch der scheinbar allmächtige Staat war nur ein Instrument der SED. Hinter allem und über allem stand die Partei. Diese Verflechtung war im Sinne des Machterhalts sehr wirksam, machte aber jede Veränderung unmöglich. Es hatte innerhalb der staatlichen Apparate keine Debatten und keinen Reformwillen zu geben – nur Unterordnung und Gehorsam gegenüber der Partei. Als 1989 die Macht der SED wankte, zerfiel auch der Staat mit atemberaubender Geschwindigkeit.

ZWEI PLUS ZWEI
IST FÜNF

Sportschau zum V. Turn- und Sportfest
der DDR in Leipzig, 1969

Das vielleicht letzte Geheimnis der DDR lautet: Haben die Machthaber und ihre gehorsamen Vollstrecker wirklich an ihre eigenen Parolen geglaubt oder waren sie ihnen nur ein Mittel zum Zweck? Der Liedermacher Wolf Biermann richtete 1967 diese fast verzweifelte Frage an einen fiktiven SED-Funktionär: »Was hast du im Schädel? Dreck oder Stroh? Du, bist du so dumm? – Oder tust du nur so?«

Sicher ist: Ideologie war in der DDR kein Beiwerk. Von der Wiege bis zur Bahre war das Leben durch die Weltanschauung geprägt. Und es gab nur eine wissenschaftliche Weltanschauung: den Marxismus-Leninismus. Seine Grundthesen wurden so oft wiedergekäut, bis jeder sie im Schlaf wiederholen konnte: Der Kommunismus ist das Endziel der Geschichte, seine Vorstufe ist der Sozialismus in der DDR. Im Westen herrscht der verfaulende Kapitalismus, den die Arbeiterklasse unter der Führung der kommunistischen Partei bald beseitigen wird. Das wusste jedes Schulkind und bis zur Doktorprüfung wurde an ideologischer Einsicht nicht viel mehr erwartet. Doch lagen diese Thesen so fernab der Wirklichkeit, dass es schon damals schwer war, sie ernst zu nehmen. Dennoch geschah genau dies. Natürlich gab es viel Heuchelei, Doppelzüngigkeit und sogar regelrechte Bewusstseinsspaltung. Doch keineswegs

alle Funktionäre waren bedenkenlose Zyniker des Machterhalts. Sie glaubten wirklich daran, dass zwei plus zwei gleich fünf ist, wenn die Partei es beschlossen hatte. Es war eine Art höherer Wahrheit, die sich über die Niederungen der Realität erhob.

»Der Marxismus ist allmächtig, weil er wahr ist«, lehrte W. I. Lenin. Dieser einfache Zirkelschluss war unwiderlegbar. Wer dennoch Zweifel an der Überlegenheit der marxistischen Ideologie äußerte, bekam die Allmacht des Staates zu spüren. Die Staatsgewalt verfügte über Möglichkeiten mit großer Überzeugungskraft. Sie reichten vom Ausschluss von höheren Lehranstalten über berufliche Zurücksetzung bis hin zu Zuchthausstrafen. »Warum sollen wir über falsche Argumente diskutieren?«, sagten die SED-Agitatoren oft und sie meinten dies vollkommen ernst. So fällt Wolf Biermanns Antwort in der Ballade an den »wirklich tief besorgten Freund« auch sehr eindeutig aus: »Sie sind so dumm — und sie tun auch noch so.«

Feierliche Enthüllung des Karl-Marx-Denkmals (»Nischl«) in Karl-Marx-Stadt (heute Chemnitz), FDJ und Pionierorganisation bekennen sich zum Marxismus-Leninismus, 1971

Das Vervielfältigungsgerät der Umweltbibliothek ist wahrscheinlich das erstaunlichste Exponat des DDR Museum. Rein technisch scheint es Gutenbergs Druckerpresse aus dem Jahr 1450 näherzustehen als heutigen Kopierern, die per Knopfdruck jedes Bild in beliebiger Zahl ausdrucken. Das vorsintflutliche Gerät stand im Keller der Zionsgemeinde inmitten eines alten Berliner Wohnviertels. 1986 wurde dort die Umweltbibliothek eingerichtet. Einige Dutzend junger Leute begannen im Schutz der Kirche eine unabhängige Umwelt- und Friedensbewegung aufzubauen. Als Informationsblatt vervielfältigten sie die »Umweltblätter«, zunächst in nur etwa 200 Exemplaren. Sie berichteten über Aktivitäten der meist unter dem Dach der Kirche arbeitenden Gruppen. Durch den Hinweis auf den Umweltblättern »Für den innerkirchlichen Gebrauch« unterliefen sie die Zensur und schufen eine Art Halblegalität. So klein die Bewegung war, so dürftig die Drucktechnik, so gering die Ausstrahlung – die Staatsmacht

reagierte hysterisch. In der Nacht des 24. November 1987 drang die Stasi in die kirchlichen Räume ein und nahm alle Anwesenden fest. Doch die

DRUCKMASCHINE
DAVID UND GOLIATH

Aktion war ein Schlag ins Wasser. Vor der Kirche formierte sich eine Mahnwache mit Kerzen. In vielen Orten der DDR gab es Solidaritätsveranstaltungen, vor allem aber machten die west-lichen Medien die Umweltbibliothek bekannt. Die Staatsführung, die auf ihren guten Ruf im Westen Wert legte und durch die Veränderungspolitik in der Sowjetunion verunsichert war, gab nach. Alle Verhafteten wurden freigelassen. Nach einiger Zeit gaben die Behörden sogar das Druckgerät heraus. Die einfach gestalteten Blätter aus der alten Druckmaschine hatten sich als wirkungsvoller erwiesen als der riesige Propagandaapparat der SED. David hatte wie in der Bibel den Riesen Goliath besiegt.

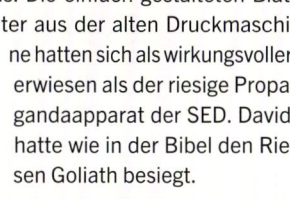

»EIN FESTE BURG IST UNSER GOTT«

Die SED tat alles, um die Kirchen an den Rand der Gesellschaft zu drängen. Doch ehrfurchtgebietend standen die alten Kirchenbauten im Mittelpunkt der Städte und wenigstens am Sonntag waren die Türen weit offen. Wer durch sie trat, kam in eine fremde Welt. Manche interessierten sich für die Kunstwerke oder die Orgelmusik, andere liebten die Stille fernab vom Lärm des Tages. Noch mehr aber suchten Antworten auf Fragen, die sonst nicht gestellt werden durften. Auch wenn die Kirche es nicht wollte, stellte sie für den Staat die größte aller möglichen Herausforderungen dar. Sie rüttelte am Wahrheitsmonopol der Partei. Keinen Gedanken sollte es jenseits der Staatsideologie geben.

An der Kirchentür endete die Vorherrschaft der Partei. Der Staat war in den späteren Jahren klug genug, den direkten Kampf gegen die Kirche zu meiden. Die SED hatte 1953 beim Versuch, die Jungen Gemeinden offensiv zu bekämpfen ein Fiasko erlitten. Nach dem Volksaufstand vom 17. Juni musste sie den Ausschluss von Christen aus Oberschulen und Universitäten rückgängig machen. Seitdem setzte die Partei auf die Benachteiligung von Christen in Schule, Ausbildung und Beruf. Diese Strategie

Sprengung der Versöhnungskirche im Mauerstreifen am 28.1.1985

war ebenso perfide wie langfristig erfolgreich. Der Opfertod von Pfarrer Oskar Brüsewitz, der sich 1976 auf dem Markplatz von Zeitz aus Protest gegen die Unterdrückung der Kirchen selbst verbrannte, warf ein Schlaglicht auf die bedrängte Situation junger Christen.

Die Unruhe in den Kirchen war nun nicht mehr zu dämpfen. In den Umwelt- und Friedensgruppen sowie in der »offenen Arbeit« mit Randgruppen entwickelte sich ein alternatives Milieu. Die Kirchenleitungen sahen diese Entwicklung mit gemischten Gefühlen. Es gab viel Leisetreterei und Untertänigkeit – und zur Not war auch das rechte

Bibelwort zur Hand, diese zu begründen. Doch manche Pfarrer und Gemeindekirchenräte öffneten den neuen Gruppen die Türen. Diese fanden hier Räume, in denen sie sich ungehindert treffen konnten. Die Informationsblätter, die in den Kellern der Gemeindehäuser vervielfältigt wurden, trugen den Vermerk »Für den innerkirchlichen Gebrauch« und konnten somit legal verbreitet werden. Im kirchlichen Umfeld entstanden Ansätze einer politischen Öffentlichkeit, daher ist die Rolle der Kirchen während der turbulenten Ereignisse im Herbst 1989 nicht hoch genug einzuschätzen.

RELIGION IN DER DDR

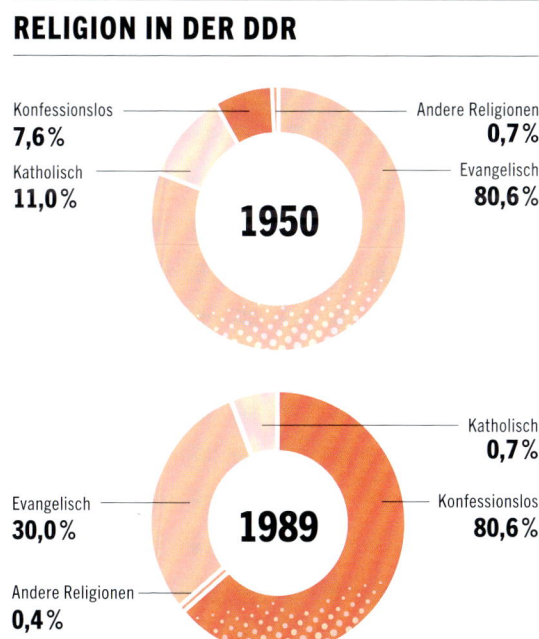

Konfessionslos
7,6 %

Katholisch
11,0 %

Andere Religionen
0,7 %

Evangelisch
80,6 %

1950

Katholisch
0,7 %

Konfessionslos
80,6 %

Evangelisch
30,0 %

Andere Religionen
0,4 %

1989

DEN AUFRECHTEN GANG LERNEN

Den Mund zu halten, lernte man früh in der DDR. Wollte der Lehrer überprüfen, wer zuhause Westfernsehen sah und fragte, wie denn das Sandmännchen gestern gekommen sei, lächelten die Kinder schlau und sagten: »Mit einer Mondrakete, auf der ein roter Stern war.«

Überall galt der Grundsatz: Was ich nicht weiß, macht mich nicht heiß. Ein Lexikon der DDR-typischen Redensarten wäre voller solcher Kleine-Leute-Weisheiten. Es war weniger die Angst vor der Stasi als die Furcht, bei der Obrigkeit irgendwie negativ aufzufallen. Doch viele konnten und wollten so nicht leben. Im Familienkreis, unter Freunden oder in der Kneipe machten sie ihrer Wut und ihrem Hass Luft, um sich am nächsten Tag die verlogenen SED-Parolen ohne Widerspruch anhören zu können.

Andere verzichteten bewusst auf berufliche Vorteile, einfach nur, um morgens ohne Scham in den Spiegel blicken zu können. Manche versuchten, in ihrem konkreten Umfeld Verbesserungen herbeizuführen und hielten kleine Kompromisse für angemessen.

All dies waren mögliche Verhaltensmuster, doch Opposition war es nicht. Was konnte man wirklich tun? Immer wieder kam es zu mutigen Einzelaktionen, so nach dem Einmarsch der Truppen des Warschauer Paktes in die Tschechoslowakei am 21. August 1968. Junge Leute malten Losungen an Häuserwände oder schrieben Flugblätter. Das Risiko war hoch, die Wirkung gering.

Erst Ende der 1980er Jahre begannen sich die Spielräume zu erweitern. Die DDR unterstützte die Friedensbewegung im Westen und konnte dabei schwer die Forderung nach Abzug der US-Raketen als Friedensmaßnahme fördern und die gleichlautende Forderung nach Abzug der sowjetischen Raketen aus der DDR als staatsfeindliche Aktion verdammen. Zudem agierte die unabhängige Friedensbewegung im Schutzraum der Kirche und hatte sich als Symbol die Skulptur eines sowjetischen Künstlers gewählt, die darstellt, wie mit kräftigem Hammerschlag ein Schwert zur Pflugschar umgeschmiedet wird. Auch wenn die Gruppen bestritten, politische Opposition zu sein, so waren sie es doch. Sie hatten eine beschränkte, aber wirksame Öffentlichkeit, um das bis an die Zähne bewaffnete Regime friedlich auszuhebeln.

Friedensgebet in der Leipziger Nikolaikirche, die zum Ausgangspunkt der Montagsdemonstrationen wurde, 1989

OPPOSITION

ZEITLEISTE

1950

Oberschüler protestieren
gegen die Scheinwahlen
zur Volkskammer

1956

Aufbegehren von Studenten
und Oppositionellen gegen
den Stalinismus

1968

Aktionen von Jugendlichen
gegen die Niederschlagung
des Prager Frühlings

1953

16./17. Juni – Streiks und Demonstrationen
entwickeln sich zu einem Volksaufstand

1976

Protest von Schriftstellern
gegen die Ausbürgerung
Wolf Biermanns

1988

Verhaftung von Teilnehmern der
Luxemburg-Liebknecht-Demonstration
lösten eine Protestbewegung aus

1979

Beginn der unab-
hängigen Friedens-
bewegung unter der
Losung »Schwerter
zu Pflugscharen«

1987

Mahnwachen gegen die
Verhaftung von Aktivisten
der Umweltbibliothek
in der Berliner Zionskirche

1989

Proteste gegen die Wahlfälschung

Veranstaltungen gegen die
Niederschlagung der
Demokratiebewegung in China

Aufruf des Neuen Forums

Gründung der Sozialdemokratischen
Partei in der DDR

Demonstrationen vom 7. bis zum
9. Oktober in Leipzig, Berlin
und anderen Städten leiten die
Friedliche Revolution ein

FALTEN GEHEN

1

Was alle längst geahnt hatten, wurde am 7. Mai 1989 zur Gewissheit: Die fantastischen Wahlergebnisse von regelmäßig etwa 99 Prozent beruhten auf gezielter Manipulation. Wo Druck, einseitige Propaganda und fehlende Alternativen nicht reichten, wurde ganz einfach geflunkert und man veröffentlichte falsche Zahlen. Am 7. Mai 1989 flog der ganze Schwindel auf.

Rein äußerlich war es ein Wahlsonntag wie jeder andere. Der Propagandastaat trug sein schönstes Kleid. Transparente warben anlässlich der Kommunalwahlen für die Kandidaten der Einheitsliste der Nationalen Front. Vor den Wahllokalen standen Jugendliche im Blauhemd und Fähnchen schwenkende Kinder. NVA-Soldaten marschierten mit ihrer kompletten Einheit zur Stimmabgabe und nachmittags klingelten Mitglieder der Wahlkommission bei Säumigen und Widerwilligen, um sie an ihre staatsbürgerliche Pflicht zu erinnern.

Wer am 7. Mai 1989 genau hinsah, erkannte kleine, aber feine Unterschiede. So kam es in einigen Wahllokalen

zu Abweichungen von lange eingeübten Ritualen. Etliche Bürger verschwanden mit ihren Stimmzetteln in den selten benutzten Wahlkabinen. Ein subversiver Akt, denn weder Kommunal- noch Volkskammerwahlen waren frei, geheim und gleich, auch wenn dies offiziell behauptet wurde. Wählen gehen hieß in der DDR »Falten gehen«, weil der Akt des Wählens darin bestand, den Stimmzettel ungelesen zu falten und in die Urne zu werfen. Auf der Einheitsliste der Nationalen Front standen ausschließlich Wunschkandidaten der SED. Es gab nichts anzukreuzen oder auszuwählen. Ablehnung war nicht vorgesehen. Um eine Nein-Stimme abzugeben, musste man jeden Kandidatennamen auf der Liste einzeln durchstreichen. Kabinenbenutzer machten sich einer »staatsfeindlichen« Einstellung verdächtig.

Am Abend des 7. Mai, kurz vor Schlie-
ßung der Wahllokale, fanden sich dann
plötzlich in zahlreichen Wahllokalen
Menschen ein, um sich als autonome
Wahlbeobachter zu betätigen. Sie
kontrollierten die Auszählung und er-
mittelten in einigen Wahlkreisen bis
zu 20 Prozent Nein-Stimmen. Im offiziellen Endergebnis von 98,85 Prozent fand sich hiervon aber keine
Spur. Die Bürgerrechtler machten
die Sache publik und forderten an
jedem 7. des Monats zu Protesten
auf dem Berliner Alexanderplatz
auf. Am 7. Oktober 1989 brachte diese Demo den Stein ins Rol-
len, der zur Lawine werden sollte.

1 Stimmabgabe von Heinz Quermann bei
der Kommunalwahl 1989, der letzten
Wahl nach Einheitslisten der Nationalen
Front, in Berlin-Köpenick, 7.5.1989

BLOCKFLÖTEN
ODER QUERFLÖTEN?

Niemand hat die kommunistische Bündnispolitik präziser erklärt als Walter Ulbricht im Mai 1945. Angesichts des Erstaunens ungeduldiger Genossen über die Einbeziehung von bürgerlichen und christlichen Persönlichkeiten in den neuen Machtapparat meinte er: »Es muss demokratisch aussehen, aber wir müssen alles in der Hand haben.«

Aus diesem Grund wurden in der Sowjetischen Besatzungszone neben den beiden Arbeiterparteien KPD und SPD auch die CDU und die Liberal-Demokratische Partei Deutschlands (damals noch LDP, später LDPD) zugelassen. Die beiden bürgerlichen Parteien hatten anfangs noch gewisse Spielräume. Damit war zur Jahreswende 1947/48 Schluss.

CDU, LDP sowie die später gegründete National-Demokratische Partei Deutschlands (NDPD) und die Demokratische Bauernpartei Deutschlands (DBD) bildeten zusammen mit den Massenorganisationen die Zwangs-

NDPD
140.000
MITGLIEDER

EXOR IENTE PAX
C D
140.000
MITGLIEDER

DEMOKRATISCHE BAUERN... PARTEI DEUTSCHLANDS
DBD
117.000
MITGLIEDER

gemeinschaft der »Nationalen Front«. So wurden die Parteien des demokratischen Blocks – daher Blockparteien – zum festen Bestandteil des Herrschaftssystems der SED. Ehemalige Mitglieder der NSDAP und Wehrmachtsoffiziere sollten in der NDPD ihre Heimstatt finden, Handwerksmeister und private Unternehmer in der LDPD und selbständige Bauern in der DBD.

Die Integration der Christen war besonders schwierig. Einerseits galt der christliche Glaube als unvereinbar mit dem Marxismus-Leninismus. Andererseits sollten auch die konfessionell gebundenen Bürger am Aufbau der DDR mitwirken. In der Volkskammer, im Staatsrat, in den Bezirks- und Kreistagen – überall saßen paritätisch Vertreter der Blockparteien. Sie hoben auch dann noch gehorsam die Hand, wenn es wie bei der Enteignung der letzten Privatbetriebe 1972 gegen die Interessen der eigenen Mitglieder ging. Auf repräsentative Posten im Kulturbereich wurden gern CDU-Vertreter geschoben. Dann rühmte man die vertrauensvolle Zusammenarbeit von Christen und Marxisten, während gleichzeitig christlichen Jugendlichen der Zugang zur Oberschule und zur Universität verbaut wurde.

Für viele war der Eintritt in eine der Blockparteien das kleinere Übel, wenn beim Aufstieg auf höhere Posten ein Parteibuch verlangt wurde. So wurden die »Blockflöten« oft von beiden Seiten verachtet. In den Augen der Bevölkerung galten sie als Opportunisten, die SED sah in ihnen oft nicht ganz verlässliche Bündnispartner.

Andererseits war für viele die Mitgliedschaft in der Blockpartei eine Möglichkeit, in ihrem Lebensumfeld positive Veränderungen zu bewirken, was ihnen aussichtsreicher erschien als die Konfrontation mit der Staatsmacht. Der Preis dafür war allerdings das eindeutige Bekenntnis zur DDR und zum Sozialismus.

106.000
MITGLIEDER

Mitgliedszahlen der Blockparteien am 28.2.1990

VOM ICH ZUM WIR

4

2

3

1

Das Kollektiv ist wichtiger als der Einzelne. Dieser Grundsatz gehörte zum sozialistischen Weltbild. SED-Funktionäre feierten den Sieg des »Wir« über das »Ich«. Sie hatten die Massen im Blick, also große soziale Gruppen, die es zu organisieren und zu kontrollieren galt: Kinder, Frauen, Werktätige. Über all diesen Gruppen stand die Staatspartei.

Glaubte man der SED-Propaganda, herrschten Egoismus, Vereinzelung und soziale Kälte ausschließlich beim »Klassenfeind« im Westen, während in der DDR Solidarität und Gemeinsinn

blühten. Schon in der Schule zeigte sich, wer die Gemeinschaftsangebote des sozialistischen Staates zu schätzen wusste und wer nicht. Erster ideologischer Prüfstein war die Mitgliedschaft bei den Pionieren und in der Freien Deutschen Jugend (FDJ) — ein Treuetest, den die meisten mit links absolvierten. Zwei oder drei Schüler pro Klasse mochte es geben, die sich komplett verweigerten. Sie riskierten Nachteile in Ausbildung und Beruf. Der Rest machte mit. Die FDJ bot ihren Mitgliedern Zeltlager, »Singegruppen« und Poetenseminare. Als einzige offiziell zugelassene Jugendorganisation hatte sie die Aufgabe, Jugendliche zu »klassenbewussten Sozialisten« zu formen.

Der Erfolg war mäßig. Wie alle Massenorganisationen der DDR gab sich auch die FDJ einen demokratischen Anstrich. Wer das blaue Hemd mit dem

6

8

5

7

9

Emblem der aufgehenden Sonne auf dem linken Ärmel trug, konnte sich in kleinere Ämter wählen lassen, Kassierer, Schriftführer oder Vorsitzender der Gruppenleitung werden. Das förderte die Karriere. Schließlich galt die FDJ als »Kampfreserve« der Partei. »Gesellschaftliche Aktivitäten« wurden in jeder Beurteilung erwähnt und waren ein wichtiger Pluspunkt beim Übergang zur Erweiterten Oberschule, zur Hochschule und später bei der Berufswahl.

Im Erwachsenenalter stiegen die Möglichkeiten, Mitgliedsbücher und Abzeichen zu sammeln. Wer nicht Mitglied der SED oder einer der vier Blockparteien werden wollte, trat dem Gewerkschaftsbund (FDGB) oder dem Frauenbund (DFD) bei, engagierte sich im Turn- und Sportbund (DTSB), dem Kleingärtner- und Kleintierzüchterverband (VKSK) oder der Gesellschaft für Deutsch-Sowjetische Freundschaft (DSF).

Allerdings erschöpfte sich im Erwachsenenalter die »gesellschaftliche Aktivität« bei der Mehrheit im Entrichten der Mitgliedsbeiträge. Die Massenorganisationen erfüllten für die allermeisten vor allem eine Alibifunktion.

1 Kulturbund / 2 Freie Deutsche Jugend / 3 Deutscher Turn- und Sportbund der DDR / 4 Gesellschaft für Sport und Technik / 5 Freier Deutscher Gewerkschaftsbund / 6 Verband der Kleingärtner, Siedler und Kleintierzüchter / 7 Vereinigung der gegenseitigen Bauernhilfe / 8 Demokratischer Frauenbund Deutschlands / 9 Gesellschaft für Deutsch-Sowjetische Freundschaft

Das Zentralkomitee der SED erfuhr 1977: Der »Rückstand zur internationalen Spitze« betrüge in der Mikroelektronik »bis zu neun Jahre«. Dieser Bericht löste im Politbüro, dem obersten Machtgremium der SED, Alarm aus, schließlich wurde zum Beispiel im exportorientierten Maschinenbau der Einsatz von Computersteuerungen

SPEICHERCHIP
HONECKERS WELTNIVEAU

(»CAD/CAM-Technik«) immer wichtiger. Die in der DDR verfügbaren elektronischen Komponenten waren aber hoffnungslos veraltet, im Westen zu kaufen, war aufgrund der in der »Co-Com-Liste« festgelegten Embargobestimmungen schwierig. Die westlichen Industrieländer hatten vereinbart, keine Hochtechnologie an den Ostblock zu liefern. Mit Industriespionage oder der Gründung von West-Scheinfirmen versuchte der Bereich Kommerzielle Koordinierung (KoKo), diese Embargo-Liste zu unterlaufen. Das funktionierte aber nur im kleinen Maßstab. Ziel blieb die Eigenentwicklung und Serienproduktion neuer Speicherchips, um den Rückstand aufzuholen. Dabei wurden Milliarden für Forschung und Entwicklung ausgegeben.

1988 wurde dann in Anwesenheit von Erich Honecker der 1-Megabit-Mikrochip (»U61000«) präsentiert, der ungefähr 35 eng beschriebene Schreibmaschinenseiten speichern konnte. Das Forschungszentrum für Mikroelektronik in Dresden stellte allerdings nur ein paar hundert dieser Speicherchips her, da sie pro Stück etwa hundertmal so teuer gewesen wären wie ihre westlichen Zwillingsbrüder, die schon seit zwei Jahren vom japanischen Toshiba-Konzern produziert wurden. 1988 war dort bereits der 4-Megabit-Chip in Entwicklung. Der Weg zum Weltniveau, den die DDR-Wirtschaft eingeschlagen hatte, erwies sich als zu weit.

1

PLANWIRTSCHAFT OHNE PLAN

Von allen Berufsgruppen der DDR war die der Ökonomen die bedauernswerteste. Wie die Alchimisten an den mittelalterlichen Fürstenhöfen saßen sie in ihren Hexenküchen und sollten aus minderwertigem Metall Gold machen. Manchem von ihnen schwante sicherlich, dass all die Mühen vergeblich sein könnten, weil die Grundannahme falsch war. Doch davon wollten die sozialistischen wie früher die feudalen Fürsten nichts hören. So wurden immer neue Mixturen probiert, der Stein der Weisen aber nicht gefunden.

In den frühen 1950er Jahren setzte die DDR nach sowjetischem Vorbild auf die vorrangige Entwicklung der Schwerindustrie. Stahlwerke wurden aus dem Boden gestampft, wie in Stalinstadt, dem späteren Eisenhüttenstadt. Doch waren diese Riesenwerke oft unwirtschaftlich.

In großem Umfang wurde Braunkohle abgebaut, um damit die Kraftwerke zu füttern. Ab 1959 dann auf die Veredelung von sowjetischem Erdöl gesetzt. Die Zauberformel hieß nun: »Chemie bringt Brot, Wohlstand und Schönheit«. Die Reformpolitik der frühen 1960er Jahre setzte zu Recht auf Erneuerung der Strukturen: weniger Plan, mehr Eigenverantwortung. Produkte sollten sich auf dem Markt behaupten, also auch miteinander konkurrieren. Davon sollte das Gehalt der Werktätigen und der Betriebsleiter abhängen. »System der materiellen Hebel« hieß die neue Formel. Doch wie sollte das angesichts gesetzlich verordneter Endverbraucherpreise funktionieren? Das »neue ökonomische System der Planung und Leitung« (NÖSPL) war gut ausgedacht, aber passte nicht zu den starren politischen Strukturen der Parteiherrschaft. Zukunftsorientiert setzte man auf Wissenschaft und Technik. Das neue Zauberwort hieß Kybernetik. Die Steuertechnik sollte nun die Lösung aller Probleme bringen. Eine Anekdote spottet: »Die

2

1 Direktor für Wissenschaft und Forschung Dr. Manfred Drodowsky im Gespräch mit Metallurgen im Bandstahlkombinat »Hermann Matern« Eisenhüttenstadt, 1984
2 Ausstellungsfläche des Industrieverbandes Fahrzeugbau (IFA) auf der Leipziger Herbstmesse, 1975

SED ließ 1965 eine elektronische Rechenmaschine sowjetischer Bauart mit allen Wirtschaftsdaten der DDR füttern. Lange ratterte es, dann spuckte sie die Anweisung aus: Das Politbüro der SED absetzen!« Das Problem war, dass der Computer keinen Klassenstandpunkt hatte, er dachte logisch, nicht parteipolitisch.

Ab Anfang der 1970er Jahre belasteten die teuren Sozialleistungen gemäß Honeckers Einheit von Wirtschafts- und Sozialpolitik zunehmend die Wirtschaft. Investitionen wurden zugunsten wachsender Sozialausgaben immer mehr zurückgefahren. Gleichzeitig verteuerten sich die Rohstoffpreise und die Sowjetunion ließ sich ihr Erdöl zu Weltmarktpreisen bezahlen. Die DDR geriet in eine Spirale kaum noch bezahlbarer Auslandsschulden. 1983 sprang der Klassenfeind ein und gewährte einen Milliardenkredit. Doch in größerem Umfang konnten nur durch Exporte Devisen erwirtschaftet werden.

Noch einmal klammerte sich die SED-Führung an eine Zauberformel. Der 1-Megabit-Chip sollte den starken Maschinenbau und damit den Sozialismus retten. Doch die Pleite war nicht mehr aufzuhalten. Als im Oktober 1989 eine neue Führung den Kassensturz machte, sagten die Fachleute, eine Rettung der DDR sei nur auf Kosten des Lebensstandards möglich. Ungefähr um ein Drittel müsse das ohnehin nicht gerade hohe Lebensniveau der Bürger gedrosselt werden. Preissteigerungen durch Aufgabe von Subventionen, reale Mieten, Abbau von Sozialleistungen und anderes wären nötig gewesen. Das hätte 1989 zu einer sozialen Explosion mit nicht absehbaren Folgen geführt. Also stahlen sich die Verantwortlichen wie betrügerische Bankrotteure davon und überließen die Probleme den Insolvenzverwaltern aus dem Westen.

91

1 Das Chemiekombinat Bitterfeld, einer der bedeutenden Pflanzenschutz- und
Schädlingsbekämpfungsmittelproduzenten mit rund 20.000 Beschäftigten, 1981
2 Der VEB Binnenfischerei Peitz, der größte Karpfenproduzent der DDR, wählt
Marmorkarpfen zur Laichgewinnung aus, 1988
3 Serienproduktion der vollautomatischen Spiegelreflexkleinbildkamera Practica
EE2 im Kombinat VEB Pentacon Dresden, 1978

1

2

3

GESTATTUNGSPRODUKTION

Für westliche Unternehmen war die DDR ein Billiglohnland. Die SED machte sich das zunutze: Sie brauchte Devisen und gestattete etlichen Unternehmen daher die Produktion auf sozialistischem Boden. Bekannte Beispiele sind Unterwäsche der Marke Triumph, Salamander-Schuhe, Blaupunkt-Autoradios, Varta-Batterien, Nivea-Creme und Bärenmarke-Kaffeesahne, aber auch Pepsi-Cola und Kölnisch Wasser. Einzige Bedingung: Ein Teil der Waren musste in der DDR verbleiben und wurde in den Läden der Ketten »Delikat« und »Exquisit« zu horrenden Preisen verkauft.

BITTERES AUS BITTERFELD

Nachdem die Eisenbahn auf ihrer Fahrt von Thüringen nach Berlin die idyllischen Saaleburgen hinter sich gelassen hatte, schlossen erfahrene Bahnreisende gewöhnlich die Fenster. Der Zug näherte sich dem Chemiedreieck Merseburg – Halle – Bitterfeld. Der Himmel war hier stets schwefelgelb oder grau verhangen. Beißender Gestank erfüllte die Luft. Die wenigen Bäume, die hier einen Kampf ums Dasein fristeten, waren mit Staub gepudert. Zwischen den Anlagen brannten Feuer, die Reststoffe abfackelten. Hier hätte auch ein Science-Fiction-Film gedreht werden können.

Dabei hatte die DDR schon 1970 als zweiter europäischer Staat nach Schweden ein fortschrittliches Landeskulturgesetz erlassen. Naturschutz war kein Fremdwort, die Naturschutz-Eule als Umweltsymbol sogar eine DDR-Schöpfung. Doch die Realität sah anders aus. Um jeden Preis sollte die industrielle Leistungsfähigkeit der DDR erhalten bleiben. Als die Sowjetunion Anfang der 1980er Jahre die Erdöllieferungen drosselte, musste die Braunkohle wieder als Energiebasis dienen. Ohne Rücksicht auf die Umwelt fraßen sich Riesenbagger in die Landschaft. Wälder starben, Flüsse verdreckten, Seen verwandelten

Smog bei Karl-Marx-Stadt (Chemnitz) durch eine hohe Schwefeldioxidbelastung, 1989

sich in biologisch tote Abwassergruben. Jede Kritik wurde mit Hinweis auf die ökonomischen Kennziffern beiseite gewischt. Die Umweltdaten wurden zur Geheimen Verschlusssache erklärt. Allein kirchliche Gruppen nahmen sich der gepeinigten Umwelt an. Sie trugen Messdaten zusammen, versuchten über Eingaben die staatlichen Stellen zum Handeln zu zwingen und mobilisierten die Öffentlichkeit.

Aufsehen erregte auch der Film »Bitteres aus Bitterfeld«. Er wurde am 25. Juni 1988 gedreht, dem Tag des Endspiels um die Fußball-Europameisterschaft. Das Datum war von den Ostberliner Umweltaktivisten und ihrem Westberliner Kameramann mit Bedacht

gewählt worden. Sie vermuteten richtig, dass auch Stasi und Polizei das Fußballspiel sehen würden. Ulrich Neumann, damals im Grünen Netzwerk »Arche«, erinnerte sich später in einem Interview: »Wenn sie uns erwischt hätten, wären wir für 15 Jahre nach Bautzen gegangen.«

Am 27. September 1988 strahlte das Westfernsehen einen Großteil des brisanten Materials aus. Die Bilder vom sogenannten Silbersee — einer alten Tagebaugrube mitten im Siedlungsgebiet — und von der Giftmülldeponie »Freiheit III« zeigten das Ausmaß der Bitterfelder Umweltkatastrophe. Abhilfe schufen erst die Abschaltung der Dreckschleudern ab 1990 und umfangreiche Rekultivierungsprogramme.

Bild DDR Museum

JUNKERLAND IN BAUERNHAND

Die entschädigungslose Enteignung und Aufteilung allen Grundbesitzes über 100 Hektar gehörte 1945 zu den ersten Maßnahmen der sowjetischen Besatzungsmacht. Die Bodenreform sollte der angeblich reaktionären Junkerklasse das Genick brechen. Tatsächlich zerstörte sie eine hoch entwickelte Landwirtschaft zugunsten eines historisch überholten Kleinbauerntums.

Zwar bekamen auch viele Ostflüchtlinge eine neue Existenzgrundlage, es fehlte aber an Grundkapital, Gebäuden, Vieh und vor allem an Landmaschinen. In diese Lücke sprangen zunächst Maschinen-Ausleihstationen (MAS) beziehungsweise Maschinen-Traktoren-Stationen (MTS).

Ab 1952 wurden Landwirtschaftliche Produktionsgenossenschaften

1 Einschlagen von Pfosten zur Feldbegrenzung im Rahmen der Bodenreform, Herbst 1945
2 Übergabe der Traktoren der Brigade »Roter Stern« von der MTS an die LPG Batzlow (Kreis Strausberg), ca. 1960

1

(LPGs) gegründet und den Einzelbauern damit die Selbstbestimmung über ihr Land genommen. Diese Kollektivierung wurde 1960 mit zum Teil rigorosen Mitteln zum Abschluss gebracht. Formal blieben die neuen Genossenschaftsmitglieder zwar Eigentümer ihres eingebrachten Anteils. Praktisch entstanden aber großflächige Agrarbetriebe und eine industrielle Tierproduktion. Sie garantierten allen Widrigkeiten zum Trotz die Versorgung der Bevölkerung und sogar Exportüberschüsse. Nach der Wiedervereinigung wurden die LPGs privatisiert. Aufgrund ihrer Größe hatten sie nun einen Marktvorteil, der die Massenproduktion von Agrarprodukten über die nächsten Jahrzehnte prägte.

2

Die Staatsmänner der DDR propagierten die »klassenlose Gesellschaft« – und genossen zugleich die Privilegien des Klassenfeinds: Sie fuhren nicht etwa Trabant oder Wartburg sondern Volvo. Allein Erich Honecker wurde im Citroën chauffiert. Warum aber ausgerechnet die um 70 cm längeren Limousinen des bekannten schwedischen Herstellers? Weil sie zuverlässiger waren als die Nobelgefährte aus der Sowjetunion? Weil sie weniger Sprit schluckten? Auch. Aber vor allem, weil sich die DDR in den 1970er Jahren als modernes und weltoffenes Land inszenieren wollte. Da passten die alten sowjetischen Staatskarossen, die Tschaikas, nicht mehr ins Bild. Ein günstiges Angebot aus dem neutralen Schweden kam da gerade recht.

Unser Volvo 264 TE (Top Executive) mit V6-Motor wurde 1982 in Schweden gebaut und an die Fahrbereitschaft der DDR-Regierung ausgeliefert. Gegenüber der Rücksitzbank befanden sich in der Regel noch zwei Klappsitze, um kleine Besprechungen abhalten zu können.

Wenn die Mächtigen des Staates eine neue Generation der schwedischen Limousinen bekamen, gelangte die alte über Umwege gelegentlich auch an DDR-Bürger mit guten

DATEN VOLVO

- Baujahr: 1982
- Weltweit 335 verkaufte Exemplare zwischen 1976 und 1984
- Motor: 6-Zylinder-V-Motor mit 2.664 cm^3 (Typ B28E)
- Leistung: 156 PS
- Höchstgeschwindigkeit: ca. 170 km/h
- Länge: 5,60 m

Beziehungen. Die mussten dann allerdings selbst fahren und konnten sich nicht im Fond hinter den Gardinen aus Schweden verstecken.

Die letzte Fahrt unseres Volvos in die Ausstellung war nicht ohne Hindernisse: Er musste zuerst mit einem Kran direkt vor den Museumseingang an der Spree gehoben werden, bevor er an seinen heutigen Platz geschoben werden konnte.

IM LUXUSKNAST

»Bonzen«, knurrten die Leute am Straßenrand, wenn die schweren Volvo-Limousinen der Partei- und Staatsführung mit ihrer Motoradeskorte vorbeirauschten. Dann stand der Verkehr rechts und links der Protokollstrecke für Minuten still und man hatte Zeit zu meckern: »Den Genossen ist die sowjetische Staatskarosse ›Tschaika‹ nicht mehr fein genug! Sie brauchen eine Luxuskutsche aus Schweden, während unsereins Ewigkeiten auf ein Pappauto warten muss!«

Ehemaliges Wohnhaus Erich Honeckers in der Waldsiedlung Wandlitz, 2017

Viel gelästert wurde auch über die Mode, entlang der Fahrstrecke die Fassaden so weit farbig zu streichen, wie der Blickwinkel der hohen Herrschaften reichte. Das Gleiche galt für die Nebenstraßen. Hinter der Sichtlinie herrschte wieder das Einheitsgrau der von Kriegsschäden und Regenwasser zerfressenen Häuserwände. Glaubten die Mitglieder des Politbüros an die schöne bunte Welt? Die Informationsberichte der Stasi hätten sie eines Besseren belehren können. Vielleicht waren sie in diese Berichte vertieft, wenn sie, in die weichen Polster versunken, durch ein ihnen fremd gewordenes Land rasten? Niemals kam einer von ihnen auf die Idee, einfach mal abbiegen zu lassen und in einen Gemüseladen oder eine Eckkneipe zu gehen. Vielleicht hätte ihnen das viel Anerkennung eingetragen. Doch sie waren Gefangene des eigenen Systems, die Kerkermeister unfreier als die Gefangenen in den untersten Zellen. Die Isolation jedenfalls war total. Abgeschirmt durch den Personenschutz, nur mit diensteifrigen Mitarbeitern umgeben und einander spinnefeind, verbrachten sie ihre Arbeitstage.

Abends fuhren sie in das sogenannte Objekt Waldsiedlung bei Wandlitz. Keineswegs lebten sie dort wie römische Cäsaren, badeten weder in Eselsmilch noch in orientalischen Essenzen. Das Ambiente war kleinbürgerlich, die Wohnungen im Stil der 1950er Jahre eingerichtet. Kaum einer nutzte das Schwimmbad oder das preiswerte Restaurant. Wahrscheinlich fürchteten sie, einem der ungeliebten Mitgenossen aus dem Politbüro zu begegnen. Immerhin kauften die Gattinnen gern in dem Geschäft ein, wo es einige Westprodukte gab, die für den gewöhnlichen DDR-Bürger unerreichbar waren.

Am Wochenende aber verschwanden viele in ihren luxuriösen Jagdhäusern, um von dort aus überfütterte Rehböcke zu schießen. Mit den Geweihen des armen Getiers schmückte Stasi-Chef Mielke sein Domizil. Was ist von ihnen allen geblieben? Vielleicht ein Vers von Wolf Biermann: »Im ›Neuen Deutschland‹ finde ich tagtäglich eure Fressen und trotzdem seid ihr Morgen schon verdorben und vergessen.«

»BONZENGHETTO«, LAGEPLAN, 1988

Außenmauer

WANDLITZ

Wandlitz • — Waldsiedlung
• Bernau

BERLIN
WEST OST

Hager 🚶 🚶 Schabowski

Mielke 🚶

Honecker 🚶

Schürer
(ehem. Ulbricht) 🚶

SCHIESSSTAND ⊕

Krenz 🚶 🚶 Mittag

Mückenberger 🚶

🚶 Sindermann

Stoph 🚶

LADENKOMBINAT

FUNKTIONÄRSCLUB

Wache 🚶

BERNAU

UNTERKUNFT
WACHKOMPANIE 🚶

KINDERGARTEN 🚶🚶

KALASCHNIKOW
BRAUT DES SOLDATEN

Das vollautomatische Selbstladegewehr Typ AK 47 »Kalaschnikow« wurde von den Ausbildern in der Armee gern die »Die Braut des Soldaten« genannt. Den meisten wäre die echte Braut zwar lieber gewesen, doch die Beziehung zur Standardwaffe der NVA war für viele Monate die engste der jungen Soldaten. Man sollte sie pflegen und putzen, aber auch in einer Normzeit von wenigen Sekunden auseinanderbauen und wieder zusammensetzen können. Natürlich gab es auch eine Übungskalaschnikow aus Holz, die auf der Sturmbahn oder bei Schwimmübungen eingesetzt wurde. Wer will schon seine Braut durch den Dreck schleifen oder unter Wasser tauchen?

Mit dem Handgranatenweitwurf – natürlich ohne Sprengsatz – wurde schon im Schulsportunterricht auf den späteren Dienst bei der NVA vorbereitet. Vormilitärische Ausbildung gehörte aber nicht nur zum Sport- oder Wehrkundeunterricht. In der Schulzeit und in der Lehre gab es »Wehrlager«, in denen mit Kleinkaliber-Maschinenpistolen unter Anleitung scharf geschossen wurde. Der Frieden musste bewaffnet sein!

Die Waffe wurde von dem sowjetischen Konstrukteur Michail Kalaschnikow 1947 entworfen und wenig später von der Sowjetarmee übernommen, daher der Name AK 47. Für die Kalaschnikow gilt bis heute: Sie ist einfach in der Bedienung, resistent gegen Schmutz und Feuchtigkeit sowie von hoher Feuergeschwindigkeit und Treffsicherheit. Noch immer sieht man sie in den Krisenherden in aller Welt als unverwüstliche Konstruktion, von der bis heute schätzungsweise 80 bis 100 Millionen gebaut wurden. Die Kalaschnikow in der Vitrine des DDR Museum ist als Kriegswaffe natürlich unbrauchbar gemacht. Obwohl sie nicht mehr funktionsfähig ist, bleibt ihr Anblick bedrohlich.

»DANK EUCH, IHR SOWJETSOLDATEN«

Am 7. November 1967 knallten in der Sowjetbotschaft Unter den Linden in Ostberlin die Sektkorken. Die UdSSR feierte »50 Jahre Große Sozialistische Oktoberrevolution«. An diesem Tag wechselten Militärzeremonien, pathetische Reden und monumentale Konzert- und Tanzveranstaltungen einander ab. Abends gab es ein spektakuläres Festbankett. Der Rummel war gewaltig – immerhin galt es, den Gründungsmythos eines Weltreichs zu zelebrieren. Die sozialistischen Bruderländer von Kuba bis Nordkorea schickten Glückwunschtelegramme, Geschenke und Gesandtschaften nach Moskau.

Auch die DDR ließ sich nicht lumpen. Zum Jubiläum des »Großen Bruders« UdSSR gab es Vorträge, Filme und Bücher. Überdies war es den Chefs der Akademie der Künste und des VEB Deutsche Schallplatten gelungen, den egozentrischen Sänger Ernst Busch, auch bekannt als »Roter Orpheus«, zur Produktion eines deutsch-sowjetischen Lieder-Zyklus zu bewegen. Das Resultat der mehrmonatigen Studioaufnahmen wurde auf vier Vinylplatten gepresst, mit einem Cover von John Heartfield versehen und einer sowjetischen Delegation in Ostberlin feierlich als Präsent überreicht. Busch, bald 70-jährig, sang vor laufenden Kameras einige Kostproben und rührte die russischen Gäste zu Tränen. Die Fernsehzuschauer in der DDR reagierten nüchterner. Den meisten erschien der sozialistische Bruderbund ohnehin als Zwangsgemeinschaft.

Darüber konnten auch die hohen Mitgliedszahlen der Gesellschaft für Deutsch-Sowjetische Freundschaft (DSF) nicht hinwegtäuschen. Der Mitgliedsbeitrag betrug nur ein paar Pfennige, und viele wiesen damit die erwünschte »gesellschaftliche Aktivität« nach. Die Pflege der viel zitierten »unverbrüchlichen Freundschaft mit der Sowjetunion« überließen sie sozialistischen Patriarchen wie Ernst Busch. Der war 1935–1937 als Emigrant in Moskau gewesen und schwieg seitdem eisern über die stalinistischen Verbrechen – sozusagen aus Freundschaft.

Das schlechte Image der Sowjetunion wurde dadurch nicht besser. »Der

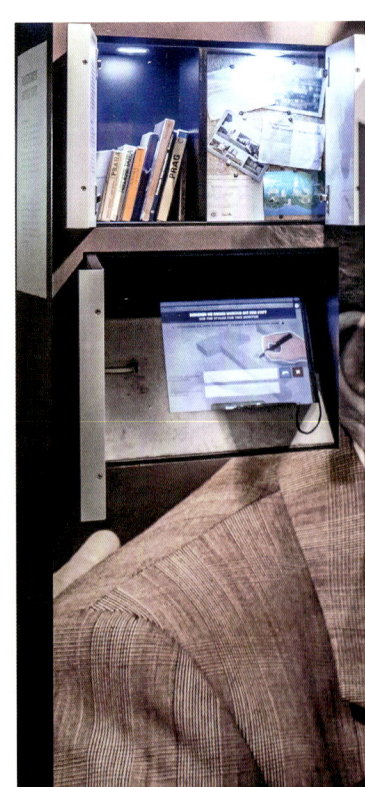

Russe« wurde nicht als Bruder, sondern als Besatzer betrachtet. Russisch war in der Schule die erste Pflichtfremdsprache, doch nur wenige konnten, nach jahrelangem Unterricht, mehr als ein paar Floskeln. Zudem nutzte einem die Sprache im Urlaub in den anderen Bruderstaaten herzlich wenig, da sie dort noch unbeliebter war.

Erst als 1985 in der UdSSR Michail Gorbatschow auf den Plan trat, änderte sich die Situation. Glasnost und Perestroika weckten auch in der DDR großes Interesse. Manche versuchten verzweifelt ihre rudimentären Russisch-kenntnisse zu aktivieren, um die sowjetische Parteizeitung »Prawda« im Original zu lesen. Vorträge über sowjetische Literatur, Filmaufführungen oder Kunstausstellungen erregten viel Aufmerksamkeit, aber auch das Misstrauen der SED-Obrigkeit. Interessierte sich früher kaum jemand für die Ausgaben des Magazins »Sputnik«, wollten sie nach dem Stopp der Auslieferung in der DDR ab Oktober 1988 plötzlich alle haben. Ein neuer »Sputnik-Schock«, spotteten die ewigen Witzbolde, die sich noch an den aufsehenerregenden Start von Sputnik 1 im Oktober 1957 erinnern konnten.

DIENST AM FRIEDEN

Wer sich für besonders ausgekocht hielt, leerte in der Nacht vor der Musterung zwei Flaschen »Blauen Würger« und spülte mit »Stierblut« und »Eselsmilch« nach. Allein es nützte nichts. Gleichgewichtsprobleme und aschfahle Haut, ja selbst kurzzeitiges Erblinden schützten nicht vor der Einstufung als »uneingeschränkt diensttauglich«. Nachdem der Arzt die üblichen Platt-, Senk- und Spreizfüße, eine krumme Wirbelsäule sowie eine leicht verminderte Hörfähigkeit diagnostiziert hatte, befand er den jungen Mann für fähig, den »Ehrendienst« in der Nationalen Volksarmee (NVA) abzuleisten.

Dann ging es zu der dreiköpfigen Musterungskommission. Hier entschied sich die Frage: Blieb es bei den gesetzlich vorgeschriebenen 18 Monaten oder wurde noch »eine Kohle

draufgelegt«? Verpflichtete sich der junge Mann also zum freiwilligen dreijährigen Dienst oder gar für die Laufbahn als Berufsoffizier. Mit allen Mitteln der Verlockung und Drohung sollte den künftigen Rekruten eine Verpflichtungserklärung abgepresst werden, die dafür schon in der Schule vorbereitet wurden. Jetzt galt es, nicht in die Falle zu tappen und trotzdem die Treue zum sozialistischen Vaterland zu bekunden.

Auch die Kandidaten für den Grenzdienst wurden ideologisch auf Herz und Nieren geprüft. »Würden Sie im Falle einer imperialistischen Aggression von der Schusswaffe Gebrauch machen?« Zögern des Befragten. »In der Schule und bei den Jungen Pionieren bin ich zu einem friedliebenden Menschen erzogen worden, und deswegen kann ich mir nicht vorstellen

2

1 Fotografie aus dem Alltag der Bausoldaten, 1980er
2 Vereidigung von 400 Soldaten in Leipzig, 1975

überhaupt auf jemanden zu schießen.« Falsche Antwort. Das Gesicht des Majors nahm ein gefährliches Violett an. Auch gut, somit entfiel schon mal ein Einsatzort an der Grenze.

Wer jetzt trotz der Fangfragen standhaft blieb und die Gewissensgründe gegen einen Wehrdienst weiter betonte, konnte zumindest ab 1964 den Dienst an der Waffe vermeiden und Bausoldat werden. Sie trugen Uniform, unterlagen der militärischen Disziplin, wurden aber nicht an der Waffe ausgebildet, sondern zu Bauarbeiten eingesetzt. Bis 1989 entschieden sich 27.000 junge Männer für diesen Weg, der sie außerhalb der Kirche von jeder weiteren beruflichen Entwicklung ausschloss.

Der Einberufungsbefehl für alle kam dann per Post. Hier stand, wann und wo man sich zu melden hatte und was im Vorfeld selbständig zu erwerben war: Seife, Rasier- und Nähzeug, Essbesteck, Schuhputzzeug und Zahn-

pasta, alles in doppelter Ausführung. Hatte man alles beisammen, ging man zum Friseur und nahm Abschied von den Lieben. 18 Monate oder bei einer Verpflichtung für drei Jahre bestand das Leben der Wehrdienstleistenden nun aus Morgenappellen, Gewaltmärschen, Ausbildung im Gelände sowie Schrank- und Bettenbauen. Zwischendrin wurde gesoffen, »Spaniens Himmel« gegrölt und politischer Unterricht erduldet.

Beim ersten Urlaub verblüffte der junge Soldat seine Verwandten und Kumpels durch einen befremdlichen Jargon. Er wäre noch Spritzer (1. Diensthalbjahr), erzählte er, würde aber bald Vize (2. Diensthalbjahr) und schließlich EK (Entlassungskandidat) sein. Schließlich sei man ja kein Tagesack (Soldat mit langer Dienstzeit). Allgemeines Kopfschütteln. Doch wichtig war nun der Gang zum

107

Kurzwarenladen, um ein Bandmaß zu erstehen. Die Verkäuferinnen wussten schon Bescheid und händigten dem Kurzgeschorenen das begehrte Kultobjekt aus. Zurück in der Kaserne wurde das Band dann jeden Tag einen Zentimeter kürzer. Da konnten die Vorgesetzten noch so sehr brüllen und schikanieren – gegen das Schrumpfen des Bandmaßes blieben sie machtlos.

Appell zum Abschluss
des Truppenbesuchs von
Erich Honecker, 1985

Bild: DDR Museum

DIE OHNMACHT
DER ALLMÄCHTIGEN

Die DDR sollte nicht auf die Stasi reduziert werden, hört man in den öffentlichen Debatten um die Vergangenheit oft. Das ist richtig. Genauso richtig aber ist: Ohne die Stasi hätte die DDR nicht existieren können. Der Riesenapparat des Ministeriums für Staatssicherheit (MfS) hat sicherlich viele überflüssige Informationen angehäuft, er hat gewaltige Ressourcen verschlungen, vielleicht ist es sogar richtig, zu sagen, er hat die Staatsfeinde erst geschaffen, die er anschließend observierte und in den Knast steckte. Doch in einem Punkt war die Staatssicherheit sehr effektiv: Sie hat Angst verbreitet. Neben der sichtbaren Wirklichkeit existierte ein unsichtbares Reich, von dem selbst die willigen Zuträger und kleinen Schnüffler nicht wussten, wie es funktioniert. Die Folgen waren Misstrauen, Gerüchte und Verunsicherung. Als sich 1990 die Archive öffneten, zeigte sich, dass die schlimmsten Gerüchte von der Realität noch weit

übertroffen wurden – die Durchsetzung der Gesellschaft mit Spitzeln, die Unterwanderung der Oppositionsgruppen, die Aktenberge. Die Schnüffeltätigkeit der Stasi unterlag keiner gesetzlichen Kontrolle. Sie kannte kein Postgeheimnis, keine geschützte Privatsphäre, keine ärztliche Schweigepflicht, keinen Vertrauensschutz innerhalb eines Betriebes und kein Bankgeheimnis. Sie mischte sich in alles ein, verhinderte oder beförderte Karrieren, zerstörte durch Zersetzungsmaßnahmen Leben, fällte de facto Gerichtsurteile. Sie war Überwachungsbehörde, Geheimpolizei und Spionageapparat zugleich. Doch als es ernst wurde, konnte sie den SED-Staat nicht retten. Sie kannte nichts anderes als Befehl und Gehorsam. Als die SED-Führung ausfiel, zerfiel auch der Stasi-Apparat. Diese Ohnmacht der Allmächtigen im Moment der Krise ist die wichtigste Erfahrung aus der Geschichte der DDR.

Mitarbeiter der Funküberwachung des MfS

TELEFONÜBERWACHUNG DES MFS IN DEN BEZIRKEN DER DDR AUSSER BERLIN, 1979–1985

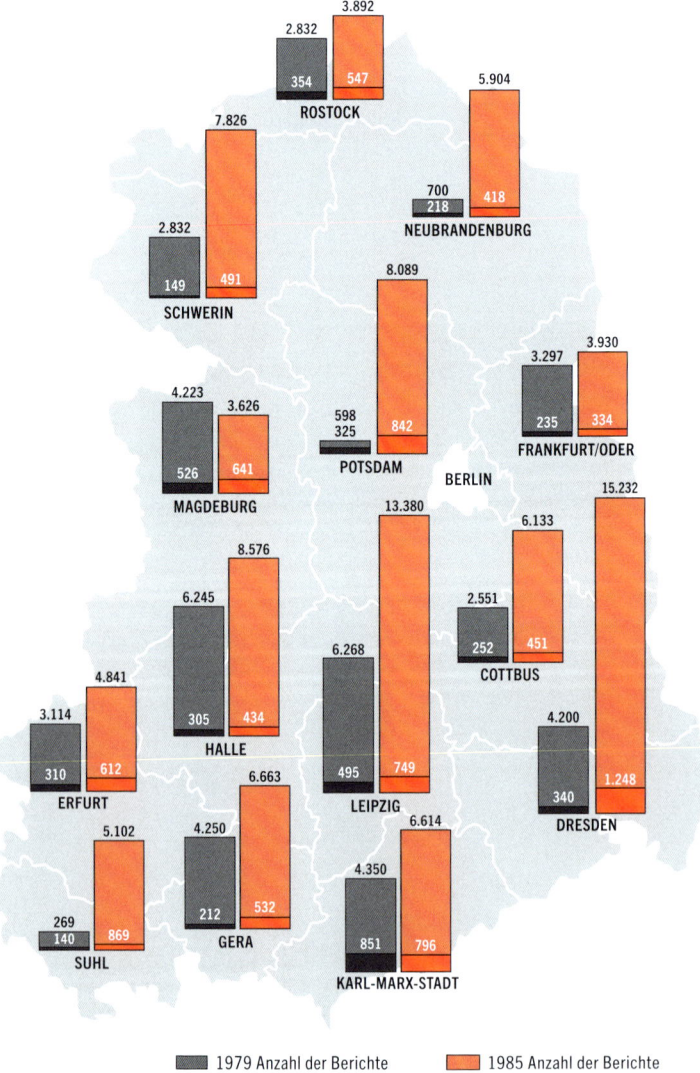

ROSTOCK 2.832 / 3.892 / 354 / 547

NEUBRANDENBURG 5.904 / 700 / 218 / 418

SCHWERIN 2.832 / 7.826 / 149 / 491

MAGDEBURG 4.223 / 3.626 / 526 / 641

POTSDAM 598 / 325 / 8.089 / 842

BERLIN

FRANKFURT/ODER 3.297 / 3.930 / 235 / 334

ERFURT 3.114 / 4.841 / 310 / 612

HALLE 6.245 / 8.576 / 305 / 434

LEIPZIG 6.268 / 13.380 / 495 / 749

COTTBUS 2.551 / 6.133 / 252 / 451

DRESDEN 4.200 / 15.232 / 340 / 1.248

SUHL 269 / 5.102 / 140 / 869

GERA 4.250 / 6.663 / 212 / 532

KARL-MARX-STADT 4.350 / 6.614 / 851 / 796

■ 1979 Anzahl der Berichte ■ 1985 Anzahl der Berichte
■ 1979 Eingeleitete Maßnahmen ■ 1985 Eingeleitete Maßnahmen

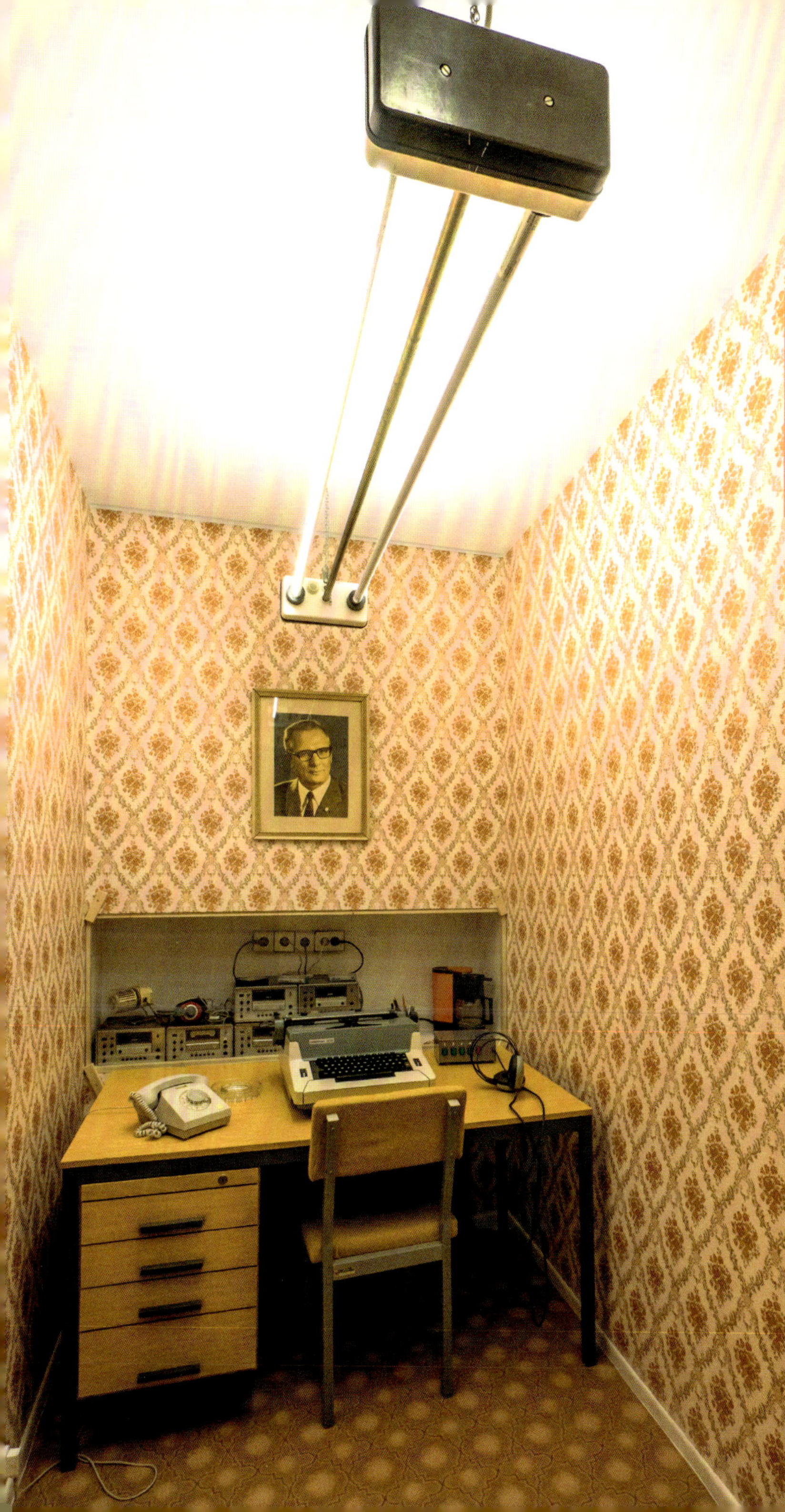

Bild DDR Museum

GUTER COP, BÖSER COP

Für jeden, der in die Fänge der Stasi geriet, war es ein schockierendes Ereignis, das sich für immer eingeprägt hat. Und doch gleichen sich die Erzählungen aufs Haar. Das ist nicht verwunderlich, hatten doch die MfS-Mitarbeiter die Vernehmungstechniken auf einer speziellen Bildungsanstalt gelernt, die sich Juristische Hochschule nannte.

Der Untersuchungshäftling dagegen war unerwartet aus seinem Alltag gerissen worden. Plötzlich hatten auf der Straße Autoreifen gequietscht, zwei oder drei junge, kräftige Kerle hatten ihn gepackt und in den Wagen gestoßen. Dann klickten die Handschellen. Im verhängten Auto ging es in die Untersuchungshaftanstalt des MfS. Fingerabdrücke und eine Geruchsprobe wurden abgenommen und die Fotos für das Fahndungsbuch gemacht. Dann begann eine quälende Zeit des Wartens. Durch die Glasbausteine der Zelle sah der Häftling, dass es Tag und Nacht wurde. Ansonsten kein Kontakt, kein Gespräch, kein Anwalt, keine Zeile zu lesen, kein überflüssiges Wort vom Wachpersonal. Fast war es eine Erleichterung, als es zur ersten Vernehmung ging. Ein schmuckloses Zimmer, ledergepolsterte Doppeltüren, vergitterte Fenster, immerhin ein Stück Himmel.

Ein Vernehmer fragte hämisch: »Was meinen Sie, warum Sie hier sind?« Auf die Beteuerung der Unschuld folgte die Bemerkung: »Sie wollen also behaupten, dass in unserem sozialistischen Rechtsstaat Menschen unschuldig hinter Gittern sitzen?«

Die Personalien wurden aufgenommen. Zweimal ... dreimal ... zehnmal. Fragen nach dem Privatleben, dem Beruf, der politischen Einstellung, nach Freunden, Bekannten. »Haben Sie von den Hetzflugblättern gewusst? Woher hatten Sie die staatsfeindliche Literatur, die in Ihrer Wohnung sichergestellt wurde?« Zwischendurch Drohungen und Beleidigungen. Dazu immer wieder der quälende Gedanke: Was wissen die? Was ist wichtig?

Nach einigen Stunden wechselte der Vernehmer. Ein netter Kerl kam: »Zigarette? Kaffee? So plaudert es sich leichter. Schütten Sie Ihr Herz aus. Übrigens hat Ihre Frau bereits umfassend ausgesagt.« Fetzen von intimen Details wurden hingeworfen. Woher wissen die das? War die Wohnung verwanzt? Hatten sie den Briefverkehr überwacht? War ein guter Freund ein Spitzel gewesen?

Nach dem dritten oder zehnten Verhör stellt sich jenes »Vertrauensverhältnis« ein, das in den Lehrveranstaltungen der Stasi-Hochschule als hohe Kunst der Vernehmungstaktik gepriesen wurde. Das Opfer vertraut sich dem Peiniger an. Sie wissen sowieso alles.

Wenn dich alle verraten haben, brauchst du auch keine Rücksicht mehr zu nehmen. Die Schreibmaschine im Vernehmungsraum klapperte jetzt eifrig. Wieder konnte ein Fall dem Staatsanwalt übergeben werden und der Stasi-Vernehmer kletterte auf der Karriereleiter eine Stufe nach oben.

»AB NACH BAUTZEN!«

Auf den öffentlichen Versammlungen der turbulenten Herbsttage 1989 kam all das auf den Tisch, was 40 Jahre lang die Menschen bedrückt hatte. Auf einer jener Sitzungen erhob sich ein älterer Mann und erzählte, er habe jahrelang wegen staatsfeindlicher Äußerungen im DDR-Knast gesessen. Er erzählte von Schikanen, Misshandlungen, Dunkelarrest, Hunger und Zwangsarbeit. Am meisten aber erschütterte das Publikum die Mitteilung, er habe seit seiner Haftentlassung vor über 20 Jahren mit keinem einzigen Menschen über diese Dinge geredet – nicht im Betrieb, wo er bis zur Rente als Hilfsarbeiter tätig war, nicht einmal in der Familie. Nun aber brach es aus ihm heraus.

Es war, als sei ein Gespenst dem Grabe entstiegen. In die Atmosphäre der Gesprächskultur hatte sich ein Misston geschlichen, den viele nicht hören wollten. Hatten doch die meisten Menschen, selbst Kritiker des Systems, den Justizterror der frühen DDR-Jahre ausgeblendet. In den späteren Jahren wurden viele politische Gefangene – insgesamt etwa 33.700 – vom Westen freigekauft. Die Gegenleistung für den Häftlingsverkauf war neben dem Kopfpreis von durchschnittlich fast 100.000 DM ein allgemeines Schweigen. Entspannungspolitik war angesagt. Der politische Dialog mit der DDR war auch gut und richtig, doch er führte dazu, dass die Opfer des SED-Systems auch im Westen kein Gehör mehr fanden.

Wer in die DDR entlassen wurde, war bei Androhung neuerlicher Repressalien ohnehin zum Schweigen verurteilt. Als nach der Wiedervereinigung bekannt wurde, dass es in der DDR rund 250.000 politische Urteile gegeben hatte, hielten viele die Zahl für übertrieben. Inzwischen gilt sie als wissenschaftlich gesichert. In den 1970er und 1980er Jahren saßen im DDR-Knast kontinuierlich mehr als 3.000 politische Häftlinge, von denen die Öffentlichkeit nichts wusste oder wissen wollte.

Die bekannteste Haftanstalt der DDR war Bautzen II. Dort hatten einige bekannte Schriftsteller und prominente Dissidenten gesessen, wie Walter Kempowski oder Erich Loest, die in Büchern über ihre Haftzeit berichteten. Die Formel »Ab nach Bautzen!« wurde zum geflügelten Wort. Weitere Strafanstalten wie Brandenburg, Cottbus, Bützow oder der Frauenknast Hoheneck rückten erst nach der Wende ins öffentliche Bewusstsein. Die ehemaligen Häftlinge aber haben es bis heute schwer, für ihre Anliegen Gehör zu finden. Sie stören die falsche Eintracht der freundlichen Rückerinnerung. Doch wer über die DDR redet, muss auch über die Leidenswege der politischen Häftlinge reden.

Nachempfundene Zelle in der Dauerausstellung

DER VERBOTENE STADTTEIL

Die Gefängnisse der Staatssicherheit waren geheim. Das Untersuchungsgefängnis Hohenschönhausen lag in einem Sperrbezirk, der auf keinem Stadtplan verzeichnet war. Nur Mitarbeiter der Stasi wohnten dort. Auch die Gefangenen durften nichts erfahren: Sollten sie von einem Block in den nächsten verlegt werden, fuhren sie im geschlossenen Transporter stundenlang durch Berlin – für eine Strecke von wenigen Metern. Auch für Besuche von Angehörigen wurden sie in andere Gefängnisse gebracht.

Seitenhof mit Altbau (rechts) und Haftkrankenhaus (links) der Untersuchungshaftanstalt Berlin-Hohenschönhausen

WESTBESUCH ALS OSTBESUCH

Für die im Osten war es der Westbesuch und als solcher ein großer Tag im Familienleben. Für die im Westen war es der Ostbesuch – eine alte Anhänglichkeit an die Verwandtschaft. Wenn man Zeit und Geld hatte, nach Thailand oder in die Karibik zu fliegen, warum nicht mal über die innerdeutsche Grenze? Wobei das viel aufwendiger war. Der Besuch kam meist mit dem Wagen. Das war eine kleine Sensation. Vor der Haustür sammelten sich die Jungs der Nachbarschaft, um das Westauto zu begutachten. Gerade politisch Linken war es sehr peinlich, dass die Symbole der verachteten Konsumge-

Schlange vor dem Intershop des Ostberliner Hotels Metropol in der Clara-Zetkin-Straße, um 1980

sellschaft so vorbehaltlos bewundert wurden. Natürlich wurden Geschenke erwartet. Doch was sollte der Besuch mit in den Osten nehmen? Das war schon bei den Paketen so schwierig, die man seit Jahren an die Ostverwandtschaft schickte. Mehl und Zucker hatten die in der DDR auch ge-

nug. Nun gar bei einem Besuch. Einfach nur einen Hundert-DM-Schein rüberschieben? Etwas peinlich, aber die Ostler hätten ihn sicher gern genommen. Auch politisch war es schwierig.

121

Machte man sich über den Osten lustig, waren die stolzen DDR-Bürger schnell beleidigt. Lobte man den Sozialismus, war es noch schlimmer. Dann hieß es, man habe ja keine Ahnung, wie das Leben im Osten sei. Man hatte sich im Grunde nichts mehr zu sagen. Es blieb nur das Thema Grenze. Der barsche Ton der Grenzer, die Aufforderung, den Kofferraum zu öffnen. Übrigens hatte man da einen tollen Witz gehört:

»Warum heißt sie Gänsefleischgrenze? — Weil die sächsischen Grenzpolizisten immer sagen: »Gänn'se v'leisch dähn Gofferrohm uffmache!« So konnten alle gemeinsam lachen. Und man war sich einig, diese Grenze zwischen Ost und West ist fürchterlich.

WAREN AUS WESTPAKETEN IM VERHÄLTNIS ZUM EINZELHANDELSUMSATZ IN DER DDR*

WARENGRUPPE	MENGENEINHEIT	MENGE	RELATION zum Einzelhandels- umsatz der DDR
Röstkaffee	Kilotonne	11,20	18
Tee	Kilotonne	0,49	21
Kakao	Kilotonne	2,23	164
Schokolade	Kilotonne	9,12	12
Schuhe	Millionen Paar	2,84	11
Kinderschuhe	Millionen Paar	0,87	3,5
Oberbekleidung Herren	Millionen Stück	4,62	42
Oberbekleidung Damen	Millionen Stück	17,13	116
darunter Blusen	Millionen Stück	5,70	184
Oberbekleidung Kinder	Millionen Stück	5,61	17

* Einzelhandelsumsatz = 100

DER LETZTE MACHT DAS LICHT AUS

In den 1970er Jahren entstand in der DDR eine neue Spezies von Menschen: Es waren die Bürger mit Ausreiseantrag, oft einfach Antragsteller oder Ausreiser genannt. Die Sperranlagen zur Bundesrepublik waren seit 1961 technisch immer perfekter und politisch immer brüchiger geworden.

Die Zeichen standen spätestens seit 1972 auf Entspannungspolitik. Auch die DDR gab sich gern weltoffen und modern. Sie unterzeichnete eine Reihe von internationalen Verträgen, in denen die Reisefreiheit ausdrücklich verankert war. Es zeigte sich, dass in der DDR die Sehnsucht nach Freizügigkeit keineswegs erloschen war. Mit den entsprechenden internationalen Dokumenten, die auch in der DDR veröffentlicht worden waren, machten sich Bürger auf den Weg zum Rat des Kreises und erklärten bei der »Abteilung Inneres« ihren Wunsch nach »ständiger Ausreise«.

Dies war ein folgenreicher Schritt. Die Behörden reagierten mit selektiver Repression. Einige ließ man ziehen, andere wurden verurteilt und eingesperrt. Wieder andere ließ man jahrelang schmoren, um eine abschreckende Wirkung zu erzielen. Lehrer, Ingenieure oder Wissenschaftler wurden sofort aus dem Dienst entlassen und konnten mit einigem Glück eine Stelle als Hilfsarbeiter finden. Doch wie die Staatsmacht auch reagierte, sie erreichte in jedem Fall das Gegenteil der erhofften Wirkung. Entschied sie sich für die harte Linie, sammelten sich die Ausreisekandidaten im Schutzraum der Kirche und führten »öffentlichkeitswirksame Aktionen« durch. Sie befestigten ein »A« an ihrem Auto, dass konnte »Anfänger« bedeuten, aber eben auch »Antragsteller«. Andere banden ein weißes Bändchen an der Autoantenne fest, was polizeilich schwer zu verbieten war. Doch auch die Taktik, hartnäckige Antragsteller ziehen zu lassen, brachte keine Entspannung.

Jeder DDR-Bürger, der für immer ging, erzeugte einen Nachahmungseffekt. Oft war eine Postkarte vom Mittelmeer der Tropfen, der das Fass zum Überlaufen brachte. Bis 1989 wuchs die Zahl der Antragsteller stark an.

Als im Sommer 1989 die Ungarn ein großes Loch in den Eisernen Vorhang rissen, machten sich viele DDR-Bürger auf den Weg in den Westen. Andere belagerten die westdeutsche Botschaft in Prag und verwandelten den Garten in ein Zeltlager. Kaum war das Camp aufgrund einer Vereinbarung geräumt, kletterten neue Flüchtlinge über die Eisengitter des Botschaftszauns. Die Bilder der Massenflucht flimmerten in der ganzen Welt über die Bildschirme und waren via Westfernsehen auch in der DDR zu sehen. Der staatlich verordnete Jubel zum 40. Jahrestag der DDR war zur Groteske geworden. Die Zeichen standen auf Umbruch.

Abfertigungsbereich Ausreise der Grenzübergangsstelle (GÜSt) Marienborn, 1980er Jahre

AUSREISEN AUS DER DDR

ANTRAGSTELLER

GENEHMIGTE AUSREISEN
(einschließlich Freikauf
politischer Häftlinge)

125.400

105.100

50.600

29.800

34.600

21.000

4.400

7.600

1980 1981 1982 1983 1984 1985 1986 1987 1988 1989

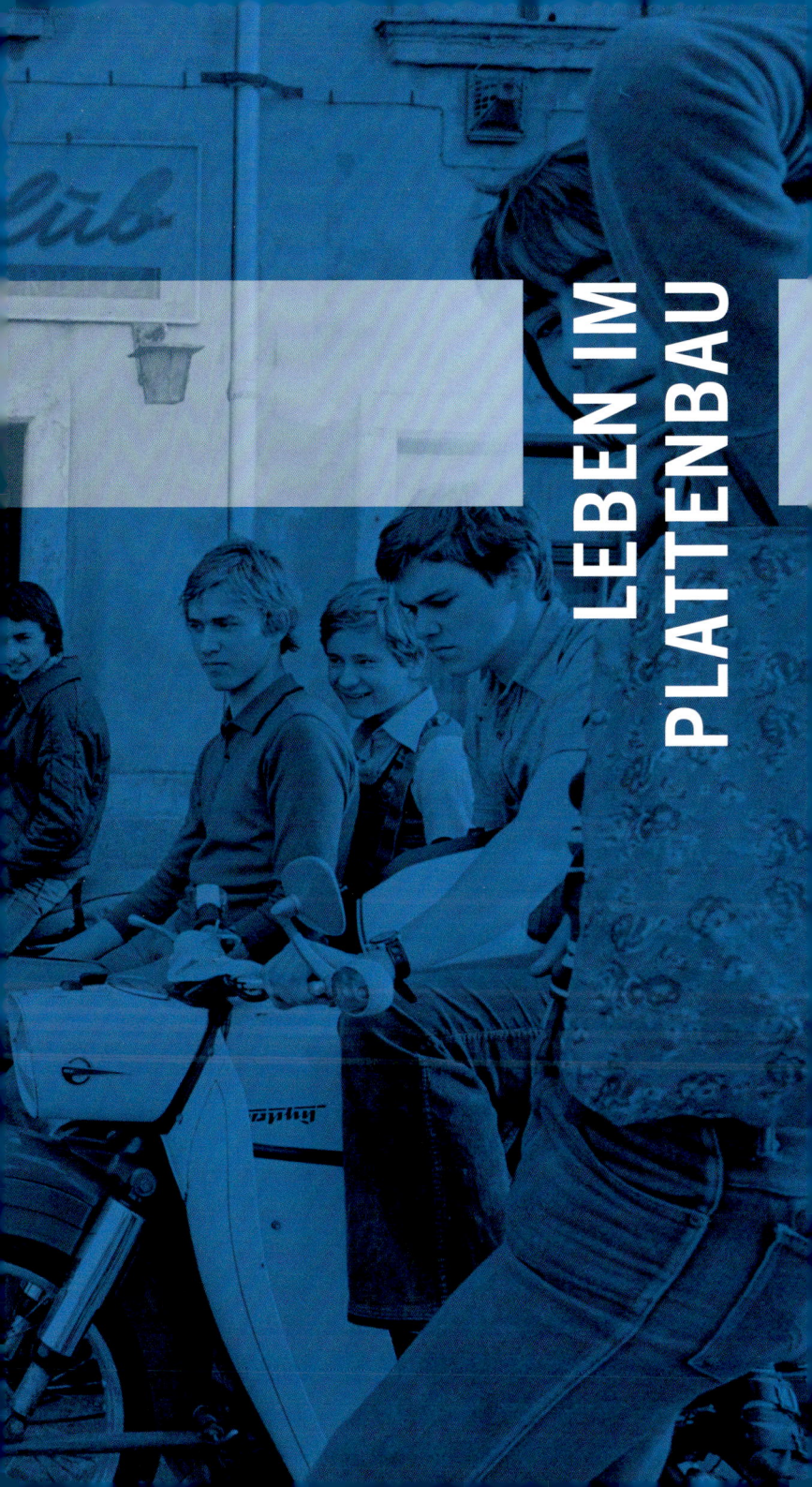

LEBEN IM PLATTENBAU

Gebrauchsanweisung
für Neubauwohnungen

VEB Wohnungsbaukombinat Cottbus
Sitz Hoyerswerda

Wer eine Neubauwohnung bekam, der hatte es geschafft! Nachdem man einen Wohnungsantrag gestellt hatte, hieß es häufig lange warten. Wer bei den Eltern ausziehen wollte, dem blieb oft nur die Möglichkeit frühzeitig zu heiraten, denn jungvermählte Paare erhielten bevorzugt Wohnraum. Allein hingegen hatte man kaum Aussicht auf Erfolg, schließlich war doch ein Zimmer bei den Eltern besser als nichts! Für die staatliche Wohnraumlenkung hieß das allerdings, dass der Bürger endversorgt war und keine Wohnung benötigte.

Wenn eine Wohnung bewilligt wurde, so war die Zuweisung einer Vollkomfortwohnung im Neubaublock wohl das Highlight. Hier gab es Zentralheizung, ein Badezimmer mit Wanne sowie fließend Warm- und Kaltwasser – eine Ausstattung, die viele Altbauten vermissen ließen. Eine Gebrauchsanweisung wurde gleich mitgeliefert, damit die neuen Bewohner über ihr Schmuckstück vollends informiert waren und pfleglich damit umgingen. Neben Garantie- und Reparaturleistungen gab die Broschüre Auskunft über die Ausstattung der Wohnung sowie der Gemeinschaftsräume, über die Pflege der Fußböden wie auch anderer Oberflächen und sogar über Brandschutz- und Zivilverteidigungsmaßnahmen.

WOHNEN IN DER DDR

1

Trafen sich in der DDR zufällig alte Bekannte und fragten einander: »Na, wie geht's?«, landeten sie mit einiger Sicherheit schnell bei der Wohnungsfrage. Wohnungsanträge, Wohnungstausch, Wohnungsamt usw. All dies waren unerschöpfliche und wichtige Themen. Der Hauptgrund für die Wohnungsnot war die Tatsache, dass nach den Zerstörungen des Krieges und der Ankunft unzähliger Flüchtlinge aus den Ostgebieten viel zu wenig Wohnraum wieder instand gesetzt oder neu gebaut wurde. Selbst die Abwanderung in den Westen bis 1961 schuf keine spürbare Entlastung.

Etwa ein Drittel des gesamten Wohnungsbestandes waren noch in den 1980er Jahren Altbauten mit meist sehr geringem Standard. 1,7 Millionen davon hatten 1989/90 die Toilette auf dem Hof oder im Treppenhaus, 1,3 Millionen waren ohne Bad oder Dusche. In Altbauwohnungen dienten in der Regel Kohleöfen zum Heizen. Das bedeutete tägliches Kohleholen und Asche rausbringen. Treppenhäuser und Höfe waren verdreckt und überall gab es Sanierungsbedarf.

Der zweite Grund für den Wohnungsmangel waren die niedrigen Mieten. Durch staatliche Verfügung blieb der Mietstandard von 1936 erhalten. Was sich sozial anhört, hatte verheerende Folgen. Es gab kaum ein Motiv, eine Wohnung aufzugeben. So lebten oft alte Leute in riesigen Wohnungen. Zudem gab es für Hausbesitzer keinen Anreiz und keine Möglichkeit, notwendige Reparaturen durchzuführen.

2

3

1 Altbauten, 1985
2 Neugebaute Eigenheime in Arnstadt, 1974
3 Altneubauten in der Lehmbruckstraße in
Berlin, 1959

Die Altbauviertel der Städte befanden sich 1989 im Zustand des totalen Verfalls. Am schlimmsten waren historisch wertvolle Städte wie Görlitz oder große Industriestädte wie Leipzig betroffen.

Ab den 1970er Jahren entwickelte sich der industrielle Wohnungsbau, der bis 1988 ein weiteres Drittel des Wohnungsbestandes ausmachte. Grundsätzlich war die Wohnfläche hier knapp bemessen. Eine Dreiraum-

wohnung für Drei- bis Vier-Personen-Haushalte hatte im Schnitt 67 Quadratmeter. Wenngleich die Mieten für eine solche Vollkomfortwohnung mit Zentralheizung und »Nasszelle« etwas höher lagen, waren sie, mit etwas über 100 Mark, immer noch gering.

Das letzte Drittel des Wohnungsbestandes umfasste »Altneubauten«, die nach dem Krieg bis zum Ende der 1960er Jahre gebaut worden

Wäscheaufhängen vor einem Plattenbau
in Wurzen, 1980iger

waren, sowie Ein- und Zweifamilien-
häuser. Den Traum vom neugebauten
Eigenheim konnten sich nur wenige er-
füllen. Zwar waren 32 Prozent der Wohnungen in Privatbesitz, doch aufgrund
komplizierter Baugenehmigungsver-
fahren, vorgeschriebener Häusertypen
und der schwierigen Beschaffung von
Baumaterial und Handwerksleistun-
gen wurden zwischen 1960 und 1989
nur sehr wenige Eigenheime gebaut.

Die Zeit nach der Wende brachte einen
beträchtlichen Aufschwung im Wohnungsbau. Zusätzlich ist fast der gesamte Bestand in den letzten Jahren
saniert worden. Die verfallenen Städte
der DDR-Zeit sind heute kaum noch
wiederzuerkennen.

133

»JEDEM (S)EINE WOHNUNG«

1

Mit Erich Honeckers Amtsantritt setzte sich eine stärkere Orientierung auf den privaten Konsum durch. Eine damals neue Losung lautete: »Ich leiste was. Ich leiste mir was«. Das hieß im Klartext, wer fleißig arbeitete, sollte auch gut leben und durch die Konsummöglichkeiten zu höheren Leistungen angeregt werden. Zentrale Maßnahme dieses Politikwandels war das Wohnungsbauprogramm von 1973. Durch die industrielle Vorfertigung von Betonplatten, die zeit- und kostensparend vor Ort nur zusammengesetzt wurden, entstanden die typischen Plattenbausiedlungen.

Drei Millionen neue Wohnungen waren bis 1990 geplant. Tatsächlich wurden nur 1,92 Millionen fertiggestellt.

Mit 42 Prozent des Plattenbaubestandes war die Wohnungsbauserie WBS 70 am meisten verbreitet.

2

1 Bau eines elfgeschossigen Plattenbaus in
Berlin-Marzahn, 1980
2 1973 entstanden die ersten WBS 70-Platten-
bauten in Neubrandenburg, hier zu sehen im
Stadtteil Neubrandenburg-Ost, 1976

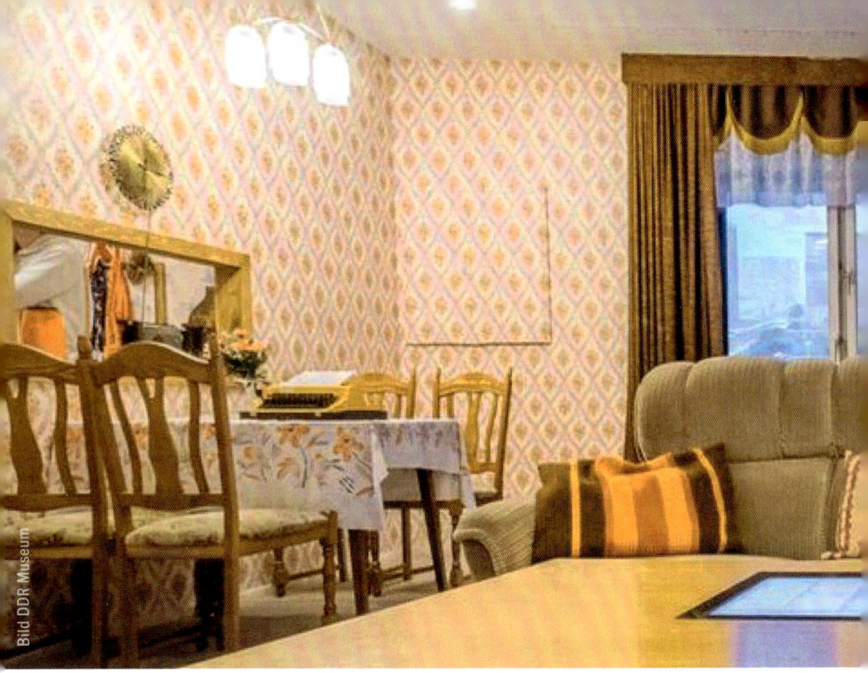
Bild DDR Museum

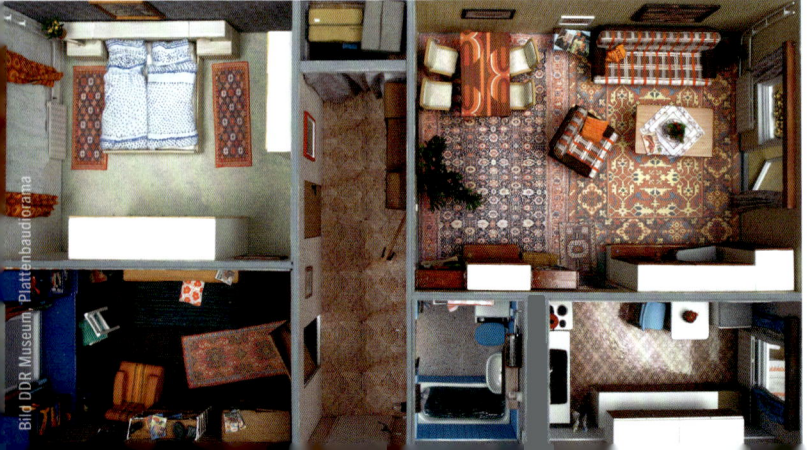

Trotz der Einheitsbauweise war die WBS 70 wandelbar wie keine zweite – hieß es. Die Außenfassade konnte mit verschiedenartigen Balkonen, Fenster- und künstlerischen Elementen gestaltet werden.

So begeistert die Mieter dieser Vollkomfortwohnungen waren, endlich über ein Badezimmer und eine Fernheizung zu verfügen, so sehr klagten viele über die Monotonie der Neubauviertel. Manche Neubezieher begannen sofort mit Tauschaktionen, um in schöne Altbauviertel zu kommen, in denen das Leben bunter und vielfältiger war. Dafür nahmen sie auch das tägliche Kohlenschleppen in Kauf. Selbst die Mühsal eines Ringtausches mit mehreren Partnern nahmen viele auf sich, um irgendwann eine Wohnung zu bekommen, die ihren Vorstellungen entsprach.

Bild DDR Museum, Plattenbaudiorama

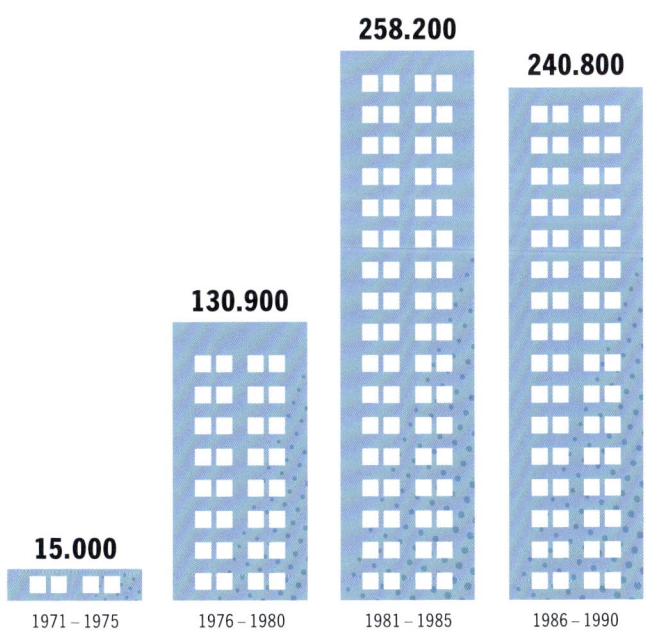

ANZAHL GEBAUTER WBS 70-WOHNUNGS-EINHEITEN BZW. -WOHNUNGEN

15.000
1971 – 1975

130.900
1976 – 1980

258.200
1981 – 1985

240.800
1986 – 1990

SCHRANKWAND
DIAMANT IN RÜSTEROPTIK

Die Schrankwand des Modells »Carat« vom VEB Polstermöbel Sebnitz war das Schmuckstück vieler Wohnzimmer. Das Möbelsortiment war so begrenzt, dass die »Carat«-Schrankwand republikweit in einer Vielzahl von Haushalten präsent war. Nach dem Bau der ersten Plattenbauten musste sich auch die Möbelgestaltung den funktionalen Wohnräumen anpassen. Deshalb kam die schlicht gehaltene »Carat« in verschieden kombinierbaren Elementen daher, die es jederzeit ermöglichten, die Anordnung der Schränke zu verändern und neue Elemente hinzuzufügen – wenn wieder Geld angespart war, schließlich war das Raum- und Kombinationswunder nicht billig.

Doch sie passte eben, wie die anderen Schrankwände der 1970er Jahre, zentimetergenau in das Plattenbauwohnzimmer. Die Plattenbauten waren genormt, so konnten auch die Möbel passgenau auf die neuen Wohnbedingungen abgestimmt werden. Trotz aller Modernität und Funktionalität war das Aussehen der »Carat« eher gemütlich-rustikal im künstlichen Rüster-Dekor gehalten. Sie traf damit den Nerv der DDR-Gesellschaft, die sich genau in diesem traditionell-bürgerlichen und teilweise gar kitschigen Wohnambiente ganz zuhause fühlte.

Und sie bot viel Stauraum für die zahlreichen Bücher der DDR-Bürger, die gut ausgestattete Hausbar, Souvenirs der Urlaubsreisen ins sozialistische Ausland, die geliebten Fotoalben, die teilweise selbstgemachten Spielesammlungen und den Fernseher, der zumindest über den Bildschirm den Westen in die heimischen Wohnzimmer holte.

FESTE FEIERN UND FRÖHLICH SEIN

Wenn auch nicht immer genug Sekt oder Sahne für die Torte zu kaufen waren, Feste gab es im Sozialismus genug. Es gab für jeden einen eigenen Feiertag: den Kindertag, den Frauentag, den Lehrertag, den Tag der Nationalen Volksarmee, den Tag des Metallurgen und sogar den Tag der Werktätigen des Post- und Fernmeldewesens. Die wichtigsten sozialistischen Feiertage der DDR, die mit Umzügen und Volksfesten begangen wurden, waren der 1. Mai und der Tag der Republik. Auch Volksfeste waren eine verbreitete Tradition, zu der auch regionale und dorfspezifische Bräuche gepflegt wurden.

Neben den öffentlichen Festlichkeiten feierten DDR-Bürger auch im Privaten gern, obgleich private Feiern nicht immer frei von staatlicher Einflussnahme waren. Die Jugendweihe war eine verbreitete Feier, welche die Jugendlichen in die Welt der Erwachsenen aufnehmen sollte — fern der christlichen Rituale. Immer wieder versuchte der Staat, die christlichen Feste und Feiertage durch verweltlichte, sozialistische Rituale zu ersetzen. Doch christliche wie nichtchristliche DDR-Bürger feierten weiterhin Weihnachten und Ostern auf traditionelle Weise.

Ob bei Festen oder anderen Anlässen, Alkohol war stets ein Begleiter in der DDR. Nicht nur ihre Liebe zum Bier sondern auch zu stärkeren Alkoholika entwickelten die Bürger über die vier Jahrzehnte hinweg fort. Gute zehn Liter reinen Alkohol trank der DDR-Bürger in den 1980er Jahren in Form von Bier, das in Ermangelung eines Reinheitsgebotes jedes Mal anders schmeckte, ungarischem »Ochsenblut« und anderen Weinen aus Jugoslawien und Bulgarien sowie »Goldi« (Weinbrand), »Primasprit« (Schnaps) oder »Blauem Würger« (Schnaps). Verboten war Alkohol nur bei der NVA und im Straßenverkehr. Damit auch Soldaten und Autofahrer nichts vermissten, gab es das alkoholfreie »Aubi«-Bier, das so gut schmeckte, wie sein Name kreativ war.

Bild DDR Museum

Weihnachten, 1965

PRO-KOPF-VERBRAUCH BIER (in Litern)

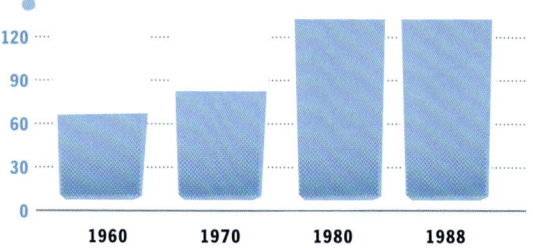

	1960	1970	1980	1988

PRO-KOPF-VERBRAUCH WEIN (in Litern)

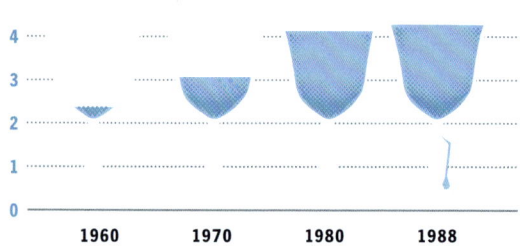

	1960	1970	1980	1988

PRO-KOPF-VERBRAUCH SPIRITUOSEN (in Litern)

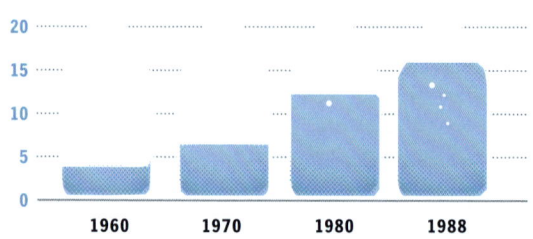

	1960	1970	1980	1988

1

2

1 Orchester auf dem Erfurter Volksfest anlässlich
des 32. Jahrestages der DDR, 7.10.1981
2 Einzugsfest der Familie Wachter im Dorf Erlln, 1983

143

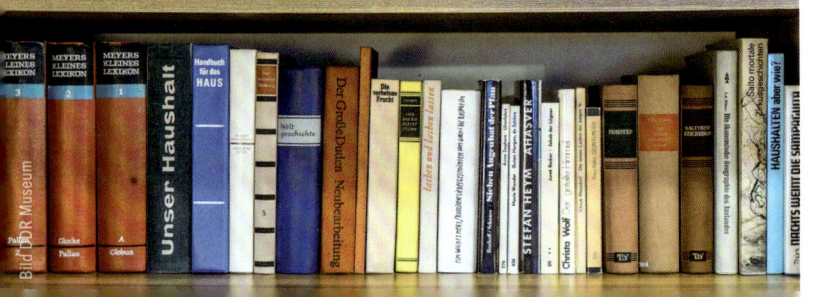

LESELUST IM LAND DER ZENSUR

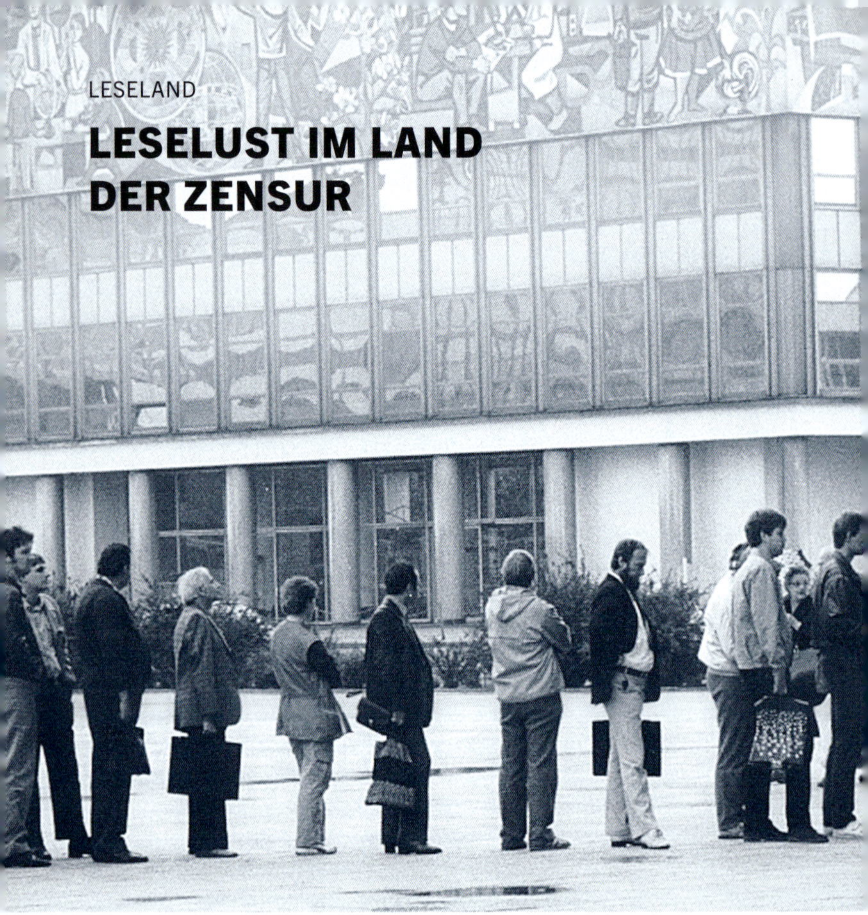

Stolz nannte sich die DDR ein »Leseland« und führte zum Beweis gern die hohen Auflagen »guter Literatur« sowie die statistisch erwiesene Leselust der Bürger an. Einer nüchternen Aufrechnung halten solche Behauptungen jedoch nicht stand. In der DDR wurden 1989 insgesamt 6.073 Titel veröffentlicht. Das lag etwa auf dem Niveau der vorhergehenden Jahre. In der Bundesrepublik dagegen erschienen 1989 insgesamt 65.680 Titel. Zudem stand dort das gesamte deutsch- und fremdsprachige Buchangebot, einschließlich der DDR-Bücher, jedem Käufer zur Verfügung. Dennoch gab es in der

Bild DDR Museum

Schlange vor dem Buchladen
»Das gute Buch« in Berlin neben
dem Haus des Lehrers, 1985

Das gute
Buch

DDR ein besonders inniges Verhältnis zum Buch. Zum einen lag das am
Anspruch der Partei. Die Werktätigen
sollten die Höhen der Kultur erstürmen,
wie eine Parole der 1950er Jahre lautete. Insgesamt stand das Buch hoch
im Kurs. Doch gerade weil man die Literatur so wichtig nahm, war sie für die
Partei ideologisch vermintes Gelände.
Die Zensur war streng bis zur Lächerlichkeit. Das betraf Autoren aus aller
Welt, auch aus der Sowjetunion und
den Bruderstaaten. Außerdem öffne-
te sich die Kulturpolitik nur stockend
und widerwillig der gesamten Moder-
ne seit Marcel Proust oder Franz Kaf-
ka. Zum anderen erschloss sich dem
DDR-Bürger die Welt vor allem durch
Bücher. Wer niemals die Chance hatte, nach Paris oder London zu fahren,
griff zu den Romanen von Balzac, Zola
oder Dickens. Die Nachfrage war sehr
groß. Trotz hoher Auflagen fand nahezu jeder Titel reißenden Absatz, der
irgendwie als interessant und lesbar
galt. Die Perlen befanden sich grundsätzlich nur unter dem Ladentisch.
So gab es im Einzelhandel nicht nur
Bückware, sondern auch Bückliteratur –
eine eigene Form der Ehrerbietung
gegenüber dem Buch.

145

MONOPOLY
MEHR ALS NUR EIN SPIEL

Spiele scheinen zunächst harmlose Alltagsbegleiter zu sein, durch die die Spieler in eine fiktive, fremde Welt eintauchen. Doch selbst die Fiktion unterlag dem kritischen Blick der SED. Nicht nur die Literatur sondern auch die Spielewelt war davon betroffen – zumal gerade das westliche Monopoly-Spiel mehr als eine Konstruktion der kapitalistischen Spieleindustrie war. Es war geradezu Ausdruck des kapitalistischen Gedankenguts! Der Spieler sollte Grund und Boden kaufen, um darauf Hotels zu errichten und die Mitspieler mussten jedes Mal teuer bezahlen, wenn sie auf dem entsprechenden Feld landeten.

Die Sozialisten aller Länder waren sich darin einig, dass dieses Spiel Raffgier und Egoismus förderte. Es sollte deshalb nicht über Westpakete in die DDR gelangen und damit die sozialistische Scheinidylle stören. Beim Zoll wurde es des-

halb grundsätzlich konfisziert. Diese Sorge vor der ideologischen Beeinflussung der Bevölkerung durch den Westen machte solche Spiele und Monopoly insbesondere zum Politikum und zum Sehnsuchtsgut. Was nicht zu bekommen war, wurde dann eben selbst gebastelt. So entstand eine Vielfalt an liebevoll gestalteten Spielen, die zum Teil westliche Varianten kopierten, zum Teil aber auch persönliche Aspekte einfließen ließen. Das am häufigsten kopierte Spiel der DDR-Bürger war das geschmähte Monopoly.

Das ausgestellte Spiel wurde von Axel Frankenberg um 1985 in Aschersleben gebastelt. Seine Version dreht sich statt um Hotels um Kraftfahrzeuge und ist besonders farbenfroh gestaltet.

DER KLASSENFEIND IM WOHNZIMMER

Elektromagnetische Wellen kennen keine Grenzen. Diese einfache Tatsache prägte den Ost-West-Konflikt auf eine kaum zu überschätzende Weise. Die DDR konnte sich einmauern und abschotten, so viel sie wollte, durch eine kleine Drehung an der Sendereinstellung des Radios oder des Fernsehers war jeder geistig im Westen. Das einzige Mittel gegen die Lufthoheit von Westradio und -fernsehen wäre es gewesen, bessere Programme anzubieten. Auf künstlerischem Gebiet gelang das zuweilen. Das DDR-Fernsehen produzierte einige sehr gelungene Literaturverfilmungen nach Romanen von Theodor Fontane oder Hans Fallada. Die beliebteste Sendung aber war der Montagabendfilm. Die Filme stammten mehrheitlich aus der Babelsberger Traumfabrik, in der von 1933 bis 1945 unter der Herrschaft von Joseph Goebbels Unterhaltungsfilme gedreht wurden, die die Menschen für neunzig Minuten von den alltäglichen Sorgen ablenken sollten. Solche Klassiker wie »Die Feuerzangenbowle« (1944) brachten dem DDR-Fernsehen phantastische Einschaltergebnisse. Davon wollte auch Karl-Eduard von Schnitzler profitieren. Ohne Übergang begann nach dem Happyend der UFA-Filme der »Schwarze Kanal«. Schnitzler entlarvte anhand tendenziös ausgewählter Schnipsel aus dem Westfernsehen einmal wöchentlich den BRD-Imperialismus. Seine hämische und zynische Art machte ihn zum bestgehassten Gesicht des DDR-Fernsehens.

Auch bei der aktuellen Berichterstattung versagte das Ostfernsehen vollständig. Die Sprache war hölzern und floskelhaft, die Berichte waren langatmig und einseitig bis zur Lächerlichkeit. Selbst treue Genossen mussten sich im Westen informieren, um überhaupt zu begreifen, was los war. Am schlimmsten aber war der Stil der devoten Hofberichterstattung. Die führenden Persönlichkeiten wurden nie ohne ihre langatmigen Titel genannt. Das allein füllte einen guten Teil der Hauptnachrichtensendung »Aktuelle Kamera«.

Ein Trost der SED bestand darin, dass der Raum Dresden und die Nordostecke der DDR vom Westfernsehen nicht erreicht wurden. Doch dieser mediale Zwangsentzug stärkte keineswegs das sozialistische Bewusstsein. Gerade im Bezirk Dresden gab es die meisten politisch-ideologischen »Vorkommnisse«. Den Bürgern fehlte offenbar die allabendliche, kollektive »Ausreise im Fernsehsessel«, die irgendwie auch einen Ausgleich für die Misshelligkeiten des Tages bot. Vor allem aber sorgten die Westmedien dafür, dass die kulturelle und sprachliche Einheit Deutschlands in den Jahrzehnten der Mauer nicht verloren ging. Die Deutschen waren schon lange vor der Wiedervereinigung ein einig Volk der Radiohörer und Fernsehgucker geworden.

HONECKER   AUS MEINEM LEBEN

Spiele der XXII. Olympiade Moskau 1980

FERNSEHSENDUNGEN

OST-SANDMÄNNCHEN

Auch für die Jüngsten gab es ein kleines Männchen mit Kinnbart, das gern Märchen erzählte: Pünktlich zur Schlafenszeit lief das Sandmännchen in DDR 1, um den Kindern mit schönen Geschichten süße Träume zu schenken. Mit Pittiplatsch, Schnatterinchen, Moppi und Co. erlebten die Kleinsten große Abenteuer. Und danach sollte ihnen der Schlafsand des Sandmännchens beim Einschlafen helfen.

DER SCHWARZE KANAL

Wenn die DDR-Bürger schon Westfernsehen sahen, dann sollten sie dazu wenigstens eine ideologische Anleitung bekommen. Dafür gab es seit 1960 Karl-Eduard von Schnitzlers Sendung »Der schwarze Kanal«. Anhand von Ausschnitten aus dem Westfernsehen und in polemischem Ton versuchte er zu belegen, dass in der imperialistischen BRD immer noch die alten Nazis an der Macht seien und dort einen dritten Weltkrieg vorbereiteten.

WILLI SCHWABES RUMPELKAMMER

Die »Rumpelkammer« war eine sehr beliebte Sendung, die schon seit 1955 ausgestrahlt wurde. Willi Schwabe zeigte hier Filmklassiker aus den Jahren 1929 bis 1945 und erzählte Anekdoten und Wissenswertes über die Schauspieler und deren Karrieren, ohne politische Wertungen vorzunehmen. Mit 35 Sendejahren war sie eines der langlebigsten Formate des deutschen Fernsehens.

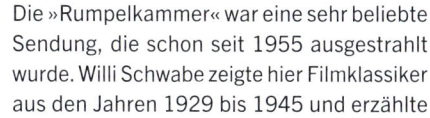

AKTUELLE KAMERA

Die Aktuelle Kamera war die täglich in zwei Ausgaben ausgestrahlte Hauptnachrichtensendung aus Adlershof und damit sozusagen das Flaggschiff der SED-Propaganda. Die halbe Stunde Sendezeit war wegen der langatmigen Reden und der ewigen Berichte über Produktionssteigerungen selbst für hartgesottene SED-Anhänger nur schwer erträglich.

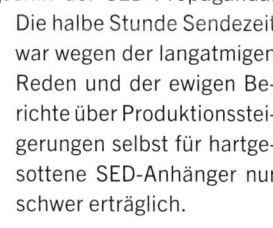

Tempo-
erbsen

nach einem besonderen
Verfahren vorbehandelt
250 g ± 10 g
bei 10 % Restfeuchte

10 MINUTEN KOCHZEIT

Etwa...
gares M...
oder
in Würfel geschnitte...
gekochte Kartoffeln
während des Kochens
zugeben,
mit Majoran
würzen,
mit
heißen Bockwürsten
servieren.

TGL 23.306
ELN 174 06.200
HSL 13 91 000

Eiweiß
24 g
Kohlenhydrate
61 g
Brennwerte
kcal 367
kJ 1537

TEMPOERBSEN
MEHR TEMPO IN DER KÜCHE

Seit den 1960er Jahren sollte den Frauen die Hausarbeit erleichtert werden. Kochen und Putzen waren zeitaufwendig und verhinderten auch in der DDR, dass die eigentlich gleichberechtigten Frauen, neben ihrem Rollenbild als Hausfrau und Mutter, einen Beruf ausübten. Die Lösung sollte nicht nur der Einsatz von Haushaltselektrik liefern, sondern auch eine erweiterte Produktpalette an Fertiggerichten. Der junge Verfahrenstechniker und Chemielaborant des Rehbrücker Instituts für Getreideverarbeitung Peter Kretschmer hatte die Aufgabe, das tagelange Einweichen von Erbsen und die lange Kochzeit maßgeblich zu verkürzen. In eineinhalb Jahren entwickelte er ein technologisches Verfahren, bei dem Hülsenfrüchte unter Druck so behandelt und getrocknet werden konnten, dass die langwierige Vorbereitung eines Eintopfes bereits industriell erledigt wurde. Die Tempoerbse war geboren. Sie ermöglichte es, nach kurzem 10-minütigen Kochen einen bereits gewürzten und mit Fleisch angereicherten Erbseneintopf auf den heimischen Tisch zu bringen. Die Tempobohnen, Tempolinsen sowie der KuKo-Kurzkochreis folgten, nachdem Kretschmer mit den Tempoerbsen die Feuertaufe gelungen war.

Noch heute sind die temporeichen Fertigprodukte im Supermarkt erhältlich und erleichtern das Kochen.

TEMPOERBSEN

- Hersteller: VEB Nahrungsmittelwerke Suppina, Auerbach
- Weitere Suppina-Produkte: Tempobohnen, Tempolinsen, div. Suppen
- Packungsgröße: 250 g, Preis: 0,60 M
- Hergestellt von 1969 bis heute (von der ACO GmbH & Co. KG)

LASS DAS MAL DIE MUTTI MACHEN!

Die vollständige Gleichberechtigung der Frau war eine der wichtigsten Forderungen der sozialistischen Bewegung seit dem 19. Jahrhundert. In der DDR tat man viel, um diesen Anspruch zu verwirklichen. Doch man folgte dabei auch wirtschaftlichen Zwängen. Ein andauernder Mangel an Arbeitskräften erforderte ein stärkeres Einbinden der Frau in die Erwerbstätigkeit, was durch ihre Gleichstellung erreicht werden sollte. Erleichterungen im Haushalt und eine flächendeckende Einrichtung von Kinderbetreuungsstätten bis hin zu Wochenkrippen sollten die Frau für eine Berufstätigkeit begeistern. Das gesellschaftliche Rollenbild veränderte sich dadurch

allerdings kaum. Von insgesamt 47,1 Stunden Hausarbeit pro Woche leisteten Frauen 1970 noch immer 37,1 Stunden allein. Daneben waren sie dafür verantwortlich, die Kinder zur Schule oder in die Krippe zu bringen, den zeitaufwendigen Einkauf zu erledigen oder mit den Kleinen in der Poliklinik vorstellig zu werden. Das Babyjahr wurde seit 1986 auch Männern gewährt. Der monatliche Haushaltstag aber blieb Angelegenheit der Frau.

Kümmerliche Versuche wurden Ende der 1960er Jahre unternommen, eine bessere Verteilung der anfallenden häuslichen Arbeit zwischen Mann und Frau zu entwickeln. Die Werbung ließ den Mann ausrufen: »Heute wasche

1

ich die Wäsche« oder erklärte elektronische Haushaltsgeräte kurzerhand zum »Spielzeug für den Mann«. Doch zuhause änderte sich nichts.

Im Berufsleben waren die Frauen meist den männlichen Kollegen nicht gleichgestellt. Zwar waren Frauen in typischen Männerberufen mehr als nur Propaganda, hauptsächlich arbeiteten sie aber zu niedrigen Löhnen im Dienstleistungssektor. In Führungspositionen waren sie kaum vertreten. Den Aufstieg ins Politbüro der SED, das oberste Machtorgan in der DDR, schaffte niemals eine Frau. Immerhin gab es seit 1963 eine Frau im Ministeramt, das war die für die Volksbildung zuständige Margot Honecker, die Gattin des Staats- und Parteichefs.

Die Gleichberechtigung der Frau blieb auch im Sozialismus trotz aller Fortschritte eine Illusion.

1 Arbeitsteilung in der Küche, 1976
2 Kranführerin des Plattenwerks Zwickau, 1981

2

FRAUEN IN FÜHRUNGSPOSITIONEN, 1988

POLITIK
1 Ministerin

WISSENSCHAFT
15 %
der Professoren /
Dozenten

SOZIALWESEN
52 %
der Gruppenleiter

INDUSTRIE
2,4 %
der Kombinatsdirektoren

HANDWERK
20 %
der Handwerksmeister

Bild DDR Museum

LEBEN IM PLATTENBAU

DURCHSCHNITTLICHE NETTOLÖHNE, 1980

819 Mark

585 Mark

ERNÄHRUNG

ZWISCHEN MANGEL UND VÖLLEREI

»Ham wa nich« war die ewig wieder-
holte Auskunft aller Mitarbeiter des
Einzelhandels. Was über die Grundversorgung hinausging, und teilweise
nicht einmal dies, war in den Geschäf-
ten oft nicht zu bekommen. Die Planwirtschaft sorgte immer wieder für einen Mangel an Waren. Dies bedeutete,
dass nicht nur der Staat besser pla-
nen musste, sondern auch im eigenen Haushalt Planung vonnöten war.
Vorräte wurden für den nächsten Eng-

**FLEISCHKONSUM SCHWEIN
PRO KOPF** (in kg)

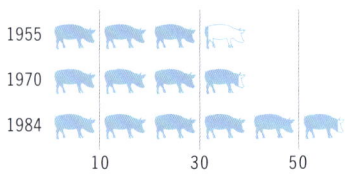

pass eingekocht und eingefroren. Jede
Menge Konserven und Eingewecktes
erleichterten es, der Familie trotz unre-
gelmäßigen Warenangebots Abwechs-
lung auf dem Tisch zu bieten.

Die Ernährung war gutbürgerlich,
die traditionell fleischlastige, kohlen-
hydrat- und fettreiche deutsche Küche sowie sowjetische Gerichte wie
die »Soljanka« erfreuten sich großer
Beliebtheit. Kartoffeln waren Beilage
Nummer eins, doch die Portionen von
Wurst und Fleisch üppig. Durch den
Ausbau der industriellen Geflügelmast

**FLEISCHKONSUM RIND
PRO KOPF** (in kg)

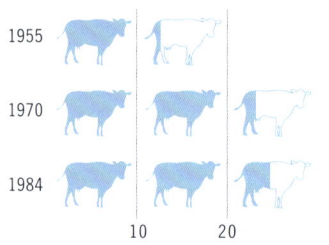

Bild DDR Museum

FLEISCHKONSUM HUHN PRO KOPF (in kg)

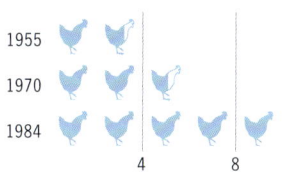

1955

1970

1984

    4   8

wurde zwar der Goldbroiler zum beliebten DDR-Gericht, doch die ungesünderen roten Fleischsorten blieben die Vorliebe der Bürger. Obst und Gemüse befanden sich bedeutend seltener auf den Tellern als in der Bundesrepublik. Die ungesunde Ernährung, die noch durch die DDR-Fastfood-Pendants wie

Grilletta (Hamburger), Ketwurst (Hot Dog) und Krusta (Pizza) ergänzt wurde, führte jedoch nicht grundsätzlich zu höheren Adipositaszahlen: lediglich die ostdeutschen Frauen neigten tendenziell zur Fülle.

OBSTVERBRAUCH PRO KOPF (in kg)

	1975	1980	1984
DDR	32,4	37,1	37,6
BRD	88,1	84,0	85,0

ADIPOSITAS BEI ERWACHSENEN, 1984

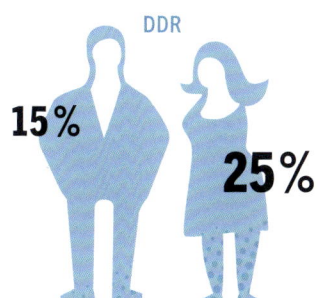

DDR

15 %

25 %

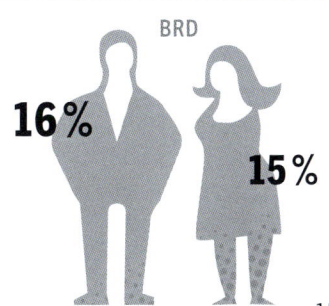

BRD

16 %

15 %

GESUNDHEIT FÜR ALLE!

Alle Werktätigen waren über die Sozialversicherung gesundheitlich abgesichert. Sie schloss kostenfreie ärztliche Behandlungen, Medikamente und Kuren genauso ein wie eine Renten- und Unfallversicherung. Der SV-Ausweis war neben dem Personalausweis das wichtigste Dokument für jeden DDR-Bürger und auch für die Kaderabteilung, denn er enthielt wichtige Informationen über die Patienten wie Bildungsgrad, Beruf und Einkommen.

Trotz aller Propaganda für das hervorragende DDR-Gesundheitssystem mangelte es den Polikliniken und Krankenhäusern an technischer Ausstattung wie auch an Medikamenten und Verbrauchsmaterialien. 1989 standen für 10.000 Bürger 98 Krankenhausbetten bereit und 24 Ärzte sollten diese Anzahl von Personen versorgen. Für die ambulante Betreuung der Bevölkerung kam nur ein Arzt auf 808 Bürger. Ein Zahnarzt hatte sogar durchschnittlich 1.383 Bürger zu behandeln. Von einer umfassenden Gesundheitsversorgung kann bei dieser Ausgangslage keine Rede gewesen sein.

Deshalb galt: Vorsorge ist besser als Nachsorge. Bereits in den Krippen und Kindergärten wurden Reihenuntersuchungen durchgeführt und bis ins Erwachsenenalter diverse Vorsorgeuntersuchungen vorgenommen. 50 Prozent der Gesundheitsausgaben entfielen deshalb auf die Prophylaxe.

BESCHÄFTIGTE IM GESUNDHEITSWESEN NACH BERUFEN

	1970	1980	1987	1989 (bis 30.9.1989)
Ärzte	27.255	33.894	40.516	41.544
Zahnärzte	7.349	9.709	12.527	12.804
Apotheker	2.885	3.549	4.049	4.342
Krankenschwestern und -pfleger(innen)	–	98.500	103.500	–

Poliklinik in Berlin-Prenzlauer Berg, 1986

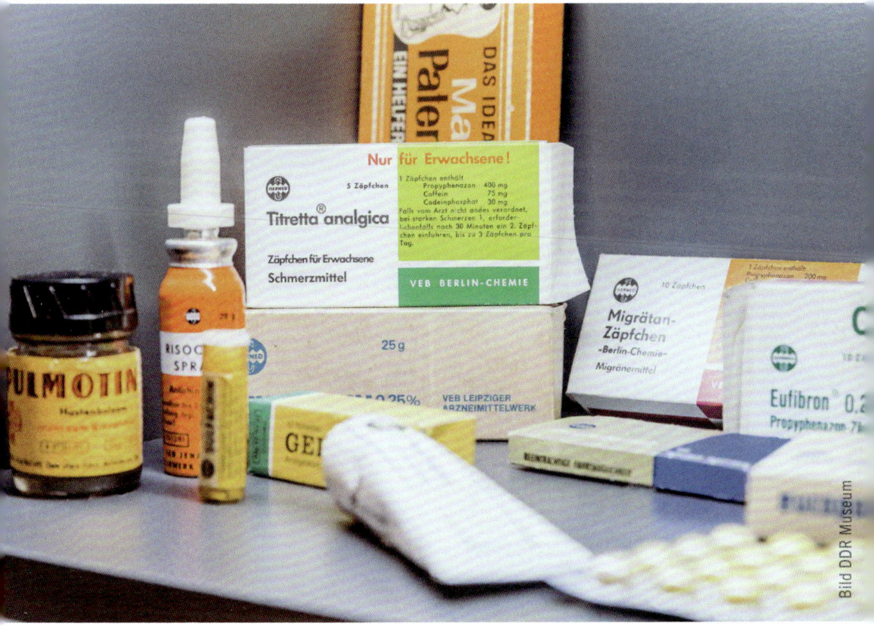

Bild DDR Museum

KITTELSCHÜRZE FÜR BERUF UND HAUSHALT

Bei einer karnevalistischen Fernsehrevue einige Jahre nach der Wende wurde ein Kittelschürzentanz zum Besten gegeben. Die Damen des Balletts erschienen mit Wassereimer, Wischmop und in besagter Kittelschürze. Der Jubel war riesengroß. Kein Zweifel: So war der Osten. Die Kittelschürze zählt zu den letzten großen Mythen der untergegangenen DDR. Zugegeben, die Oma trug eine Kittelschürze, wenn sie im Garten oder in der Küche tätig war, wohl auch die Nachbarin beim Hühnerfüttern – aber die jüngeren Frauen trugen bei der Hausarbeit Jeans und T-Shirt. Auch die Vorstellung, die DDR-Frauen wären mit Kittelschürze und Lockenwicklern in die Kaufhalle marschiert, ist sicher falsch. Immerhin,

es gab Kittelschürzen und vielleicht war es wirklich so, dass die werktätige Hausfrau und Mutter, wenn sie nach Feierabend übermüdet in die heimische Wohnung kam, sich in Windeseile die Schürze überstreifte und an den Herd stürzte. Das war bequem und schonend für die Kleidung, die im Büro und auf der Straße getragen wurde.

Die echten Schürzen, die inzwischen jede DDR-Sammlung der Welt präsentiert, waren aus der Chemiefaser Dederon, also farbenfroh, pflegeleicht, bügelfrei und wenig atmungsaktiv, um es dezent auszudrücken. Doch die Kittelschürzenforschung sagt eindeutig: Auch im Westen war dieses Kleidungsstück weit verbreitet. Woher kommt die Meinung, sie sei typisch für die DDR gewesen? Offenbar ist die Kittelschürze erst nach der Wende populär geworden, zusammen mit der Spreewaldgurke, dem Rotkäppchensekt und dem Ampelmännchen. Doch Legenden sind unsterblich. Wenn sie oft genug erzählt werden, sind sie eines Tages auch wahr. Insofern darf die Kittelschürze in keinem DDR-Museum fehlen.

DIE VERHEISSUNG
DER SIBYLLE

Von den griechischen Sibyllen erzählt die Sage, dass sie seherische Fähigkeiten hatten und die Zukunft voraussagten. Auch die führende Modezeitschrift der DDR hieß »Sibylle« und ihre Verheißungen waren ebenfalls meist jenseits der Wirklichkeit: Die abgelichteten Kleider waren schick und modern, nur nirgends zu kaufen. Praktisch und langlebig sollte die Mode sein, passend zum Ideal der werktätigen Frau. Bewusst versuchten die Modemacher der DDR, sich von der westlichen Kultur abzuheben, die in jeder Saison eine neue Kreation auf den Markt warf. Doch nie gelang es dem tonangebenden Modeinstitut Berlin, eine

Kostüm Modell »Lorraine«, präsentiert auf
der Leipziger Herbstmesse, 1966

Mode der neuen Gesellschaft zu kre-
ieren. Die bürokratischen Abläufe der
Planwirtschaft machten das unendlich
schwierig. Im besten Falle vermochten
die Modeschöpfer der DDR, die westlichen Trends relativ zeitnah zu kopieren.
Es war wie beim Wettlauf von Hase und
Igel: Wenn die DDR-Mode endlich den

Anschluss an die internationale Entwicklung gefunden zu haben glaubte,
waren die Produkte schon längst über-
holt. Hinzu kamen die materialbedingten
Schwierigkeiten. Regelmäßig mussten
die Gestalter im Modeinstitut zusehen,

wie Materialplaner ihre Entwürfe auf das Unansehnlichste zurechtkürzten. Der dann noch vorhandene modische Chic blieb trotzdem nur den Boutiquen der Ladenkette »Exquisit« vorbehalten.

»Chemie bringt Brot, Wohlstand und Schönheit«, hatte die SED verkündet. Die Verwendung von Chemiefasern war der große Schlager der DDR-Mode, da die Baumwolle auf dem internationalen Markt teuer gekauft werden musste. Doch die synthetischen Stoffe, die phantasielosen Schnitte und die wenig geschmackvollen Muster enttäuschten die Wünsche der Käufer. Wer Verwandte in der Bundesrepublik hatte, ließ sich

Mode aus Grisuten mit dem Namen »Jugend 73«, vorgestellt zur Leipziger Herbstmesse, 1972

Bild DDR Museum

Kleidung schicken, gern auch schon getragene. Anderen blieb nur das Selbstschneidern — Schnittmusterbögen gab es jeden Monat in der »Sibylle«. Manchmal musste man der Verheißung eben etwas nachhelfen.

LIEBE, SEX UND EHEKREDIT

Oft wurde gemunkelt, dass in ostdeutschen Betten mehr los war als im Westen. Die Wissenschaft hat dies nun ebenfalls bestätigt. Statistiken zeigen, dass DDR-Bürger im Durchschnitt früher ihre Unschuld verloren, in jüngeren Jahren heirateten und auch mehr Kinder bekamen. Dennoch sanken auch in der DDR die Durchschnittswerte, wie oft DDR-Frauen Mutter wurden. Die Ovosiston-Pille, die in der DDR als »Wunschkindpille« bezeichnet wurde, trug seit 1965 dazu bei. Sie führte sogar zu einem verstärkten Abfall der Geburtenrate, den der Staat mit Besorgnis wahrnahm. Ein sozial-politisches Programm brachte deshalb viele Erleichterungen für junge Familien.

Schon die frühzeitige Heirat wurde dadurch unterstützt, dass Jungvermählte bevorzugt eine Wohnung erhielten sowie einen zinsfreien Ehekredit, der ihnen den Aufbau des eigenen Hausstandes erleichtern sollte. Die Einführung des Babyjahres, des Kündigungsschutzes und der arbeitszeitlichen Sonderregelungen für Schwangere und stillende Mütter sowie der Ausbau der Kinderbetreuungsmöglichkeiten federten den freien Fall der Geburtenraten etwas ab. Doch die Selbständigkeit der Frau, die frühe Heirat, aber auch das liberale Scheidungsrecht, das ohne die Schuldfrage auskam, hatten Konsequenzen für die traditionelle Familie als »kleinste Zelle der Gesellschaft«.

Jugendtanz in einer Disco Anfang der 1980er Jahre

EHESCHEIDUNGEN IN DER DDR

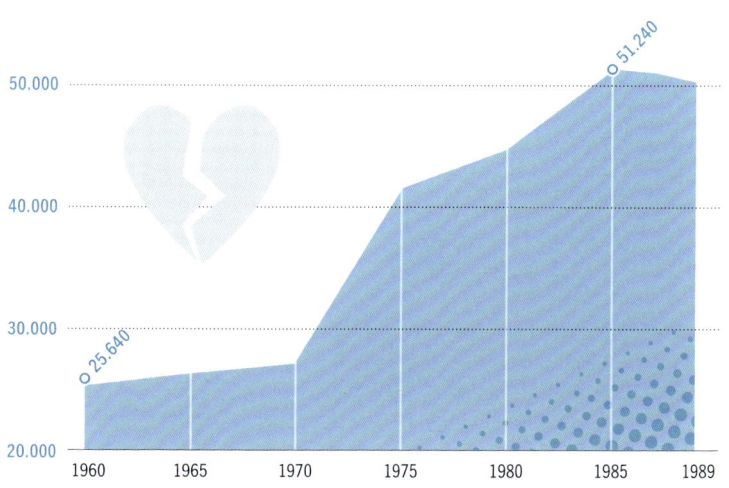

DURCHSCHNITTLICHE ANZAHL DER KINDER JE FRAU

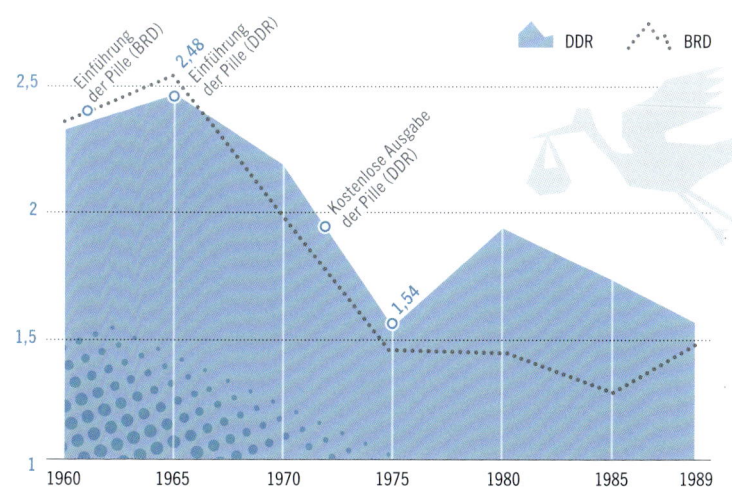

Er war so süüüüüß – Pittiplatsch, der kugelrunde Kobold aus dem DDR-Kinderfernsehen. Er nannte sich selbst »Pittiplatsch der Liebe«, wie er überhaupt von sich gern in der dritten Person sprach. Seine Sprüche wurden Teil der Umgangssprache. Redensarten wie »Ach, du meine Nase«, »Kannste glauben« oder »Platschquatsch« gehörten zur DDR-Folklore. Pitti, wie er auch genannt wurde, war frech, vorlaut und erzählte gern phantasievolle Lügengeschichten. Sein Appetit auf Pfannkuchen war unstillbar und wenn es ans Zubettgehen ging, verspürte er keinerlei Lust, in seinen Schlafpantoffel zu schlüpfen. Dieses dramaturgische Grundmuster zog sich von 1962 bis 1991 durch ungefähr 3.000 Auftritte. Zuerst tauchte er in der Schneiderstube von Meister Nadelöhr auf, später vor allem im Abendgruß des Sandmännchens, aber auch in Nachmittagssendungen wie »Abenteuer im Märchenwald«. Pittis ständige Partner waren der Hund Moppi und die Ente Schnatterinchen, genannt Schnattchen. Die Schnatterente war stets brav und fleißig, aber auch ein bisschen altklug. Ständig belehrte sie Pitti, trug ihm häusliche Arbeiten auf und tadelte seinen Süßigkeitenverzehr. Dennoch flogen Pitti alle Herzen zu. Er trieb viel Schabernack, aber im Grunde war er lieb. Und am Ende vertrugen sich die Figuren des Märchenlandes immer. Pitti war kein Rebell. Er stellte die Bravheit Schnatterinchens nicht in Frage, sondern eroberte sich mit Witz und Charme Freiräume. Pittiplatschs Märchenwald war eine Schule für das Leben im Obrigkeitsstaat.

»TILI BOM, DENKT EUCH EIN HAUS …«

Die Bücher der Kindheit begleiten uns ein Leben lang. Wer in der DDR groß geworden ist, zitterte um den Hund Bootsmann, der auf einer Eisscholle ins offene Meer hinaustrieb, oder bangte mit Tante Koschka, deren Prunkschloss in Flammen aufging. Der Anfang des »Katzenhauses« von Samuel Marschak »Tili bom, denkt euch ein Haus, wie ein Prunkschloss sah es aus …« war fast sprichwörtlich. Kein Zweifel, es gab hervorragend geschriebene, schön gestaltete und zudem recht preiswerte Kinder- und Jugendbücher. So konnte man bis 1982 auf Karl May, der aus unerfindlichen Gründen lange Zeit verpönt war, zur Not verzichten. Natürlich fehlte es im Angebot des Buchhandels nicht an Geschichten über Rotarmisten, antifaschistische Widerstandskämpfer und sozialistische Aufbauhelden. Schriftsteller sind Ingenieure der Seele, wie Genosse Stalin gesagt hatte, und für Kinderbuchautoren trifft das allemal zu. Doch gerade aus der Sowjetunion kam eine große Zahl schöner und spannender Geschichten. Im Kinderbuchbereich trafen sich zwei gegenläufige Tendenzen: Auf der einen Seite der pädagogische und hochkulturelle Anspruch des Erziehungswesens, auf der anderen Seite das Bestreben vieler Autoren, Gestalter und Verlagsmitarbeiter, jenseits der Ideologie einen Rückzugsort zu finden, um von dort ihre Ideale weiterzuvermitteln. So entstanden solche Klassiker wie die von Werner Klemke gestalteten großformatigen Bücher, zu denen die Großeltern heute im Buchladen greifen, wenn sie die Digital Natives vom Bildschirm weglocken wollen.

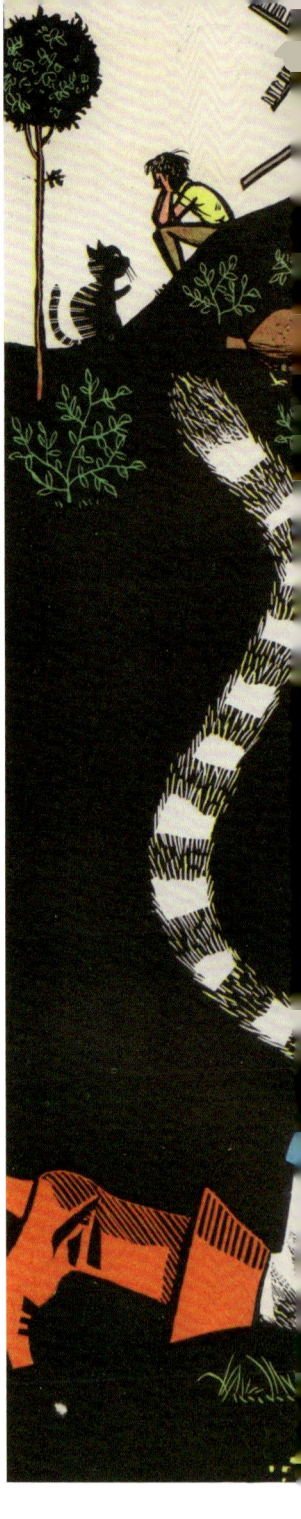

Der gestiefelte Kater aus
der von Werner Klemke
gestalteten Ausgabe von
Grimms Märchen, 1963

DER STAAT
DER JUGEND

»Weil wir jung sind, ist die Welt so schön, ... / Unser Ziel ist aufgestellt: / Eine neue, junge Welt ...« heißt es in einem der Lieder der FDJ. Eine neue Welt mit neuen Menschen sollte errichtet werden. Darunter machte es die SED nicht. Natürlich brauchte sie bei ihrem Marsch in die Zukunft die Jugend. Und wer im Gleichschritt mitmarschierte, hatte eine Menge Möglichkeiten. Das Studium war kostenlos. Es gab für viele sogar ein Stipendium und für jeden nach dem Examen einen garantierten Arbeitsplatz. Der Preis war allerdings politisches Wohlverhalten. Wie ein roter Faden zieht sich durch die Wandlungen der Jugendpolitik immer der gleiche Grundkonflikt. Auf der einen Seite sollte die neue Generation Schwung in den oft lahmenden Fortschritt bringen, neue Ideen entwickeln, Überkommenes beiseiteräumen. Doch genau dies fürchtete die SED-Führung auf der anderen Seite wie der Teufel das Weihwasser. So war das Verhältnis zur Jugend von dem Grundsatz bestimmt: »Wasch mir den Pelz, aber mach mich nicht nass!« Oft entzündete sich der Konflikt an der Musik und der Mode. Doch dahinter stand stets die Frage nach mehr Freiheit. Dabei gab es immer wieder kurze Phasen der Aufbruchsstimmung, sogar Angebote, die gerade junge Intellektuelle durchaus anzunehmen bereit waren. So war es während des kurzen Tauwetters 1956, während der Reformperiode von 1962 bis 1965 oder auch nach Honeckers Machtantritt 1971. Immer wieder strebten junge Leute nach Selbstver-

wirklichung – oft durchaus im Rahmen des sozialistischen Systems. Aber immer wieder folgte auf den Aufbruch der Rückschlag. Dennoch war keiner dieser Versuche umsonst. Das Finden des ei-

Jugendliche in den 1980er Jahren

genen Weges — was auch immer praktisch daraus folgte — war auch eine Art
Glückserfüllung. Wie sollte die Welt anders als schön sein, wenn man jung ist —
ganz so, wie es in dem FDJ-Lied heißt.

LEBEN IM PLATTENBAU

Neulich bekam das Museum einen »Hinweis aus der Bevölkerung«, dass der SKR 700 keinesfalls in der Ausstellung fehlen dürfe. Da dieser Stereo-Kassettenrecorder noch bei vielen in guter Erinnerung ist, kamen wir dem Wunsch gern nach. Gerade als Jugendweihegeschenk war der SKR 700 sehr beliebt, bot er doch die Möglichkeit, die beliebten internationalen Hitparadesendungen der Westsender mitzuschneiden. Preislich war er mit 1.540 Mark der DDR zwar nicht gerade billig, lag aber oft noch im Rahmen des finanziell Machbaren, wenn die Verwandtschaft zusammenlegte. Dafür bekam man nur zimmertaugliche 2×2 Watt Ausgangsleistung, doch immerhin auch zwei Teleskopantennen und Aussteuerungs-LEDs für Kassettenaufnahmen.

Das von Toshiba entwickelte Laufwerk produzierte übrigens wesentlich seltener »Bandsalat« als das der Vorläufermodelle Sonett und der Sternrecorder R 160 oder R 4100. Außerdem ermöglichte das neue Modell Stereosound. Der SKR 700 wurde von 1985 bis 1989 im VEB Stern-Radio Berlin in Serie gebaut. Zeitweise wurden auch Geräte für den Export in die Bundesrepublik produziert und unter der Hamburger Handelsmarke BRUNS vertrieben. Ab 1987 gab es in der DDR eine »abgespeckte« Variante SKR 701, die mit rund 1.400 Mark auch nicht wesentlich billiger, aber mindestens genauso weit verbreitet war.

ROCKMUSIK

AUFTRITTSVERBOT UND EINSTUFUNG

»Niemand in unserem Staate hat etwas gegen eine gepflegte Beatmusik.« Irgendwie erinnerte dieser Satz von Erich Honecker über die Pflege der Beatmusik an das »gepflegte Bier« aus dem Zapfhahn der Eckkneipe. Nur ließen sich weder das Bier noch die Beatmusik pflegen. Vielmehr hatte Honecker auf dem »Kahlschlagplenum« des ZK der SED im Dezember 1965 Angst, dass die »westliche Dekadenz« die moralische Zersetzung der Jugend begünstigte und »der Gegner diese Art Musik ausnutze, um durch die Übersteigerung der Beat-Rhythmen Jugendliche zu Exzessen aufzuputschen«.

Danach war einige Jahre »Sendepause« für die Jungs mit ihren lärmenden E-Gitarren und den englischen Bandnamen. Erst ab 1970 ging es, wie bei den Puhdys, wieder richtig los,

diesmal mit deutschen Texten. Ende der 1980er Jahre kehrte die Jugend ihren DDR-Idolen und ihrem Land immer mehr den Rücken. Die Ursache dafür war nicht nur der westliche Einfluss sondern teilweise auch hausgemacht. Sobald die Gruppen vor einer Kommission erfolgreich vorgespielt hatten und »eingestuft« worden waren, gab es den Ausweis zur Spielberechtigung, die »Pappe«, und damit feste Gagen für die »Muggen«, wie die Auftritte genannt wurden. Dieses System bewertete allerdings die Beherrschung der Musikinstrumente und nicht etwa den Erfolg beim Publikum oder im Plattenladen

Nach der Wende wollte zunächst keiner mehr Ostrock hören. Ab Mitte der 1990er Jahre stieg die Popularität der Bands der eigenen Jugendzeit aber wieder an. Es dauerte einige Jahre, bis Silly und Co. erneut Platten auf den Markt brachten und die alten Ostfans mit neuen Konzerten begeisterten. Im Westen konnten sich meist nur die Gruppen dauerhaft etablieren, die ihre Ostbiografie nicht vor sich hertrugen: Rammstein ist das beste Beispiel dafür.

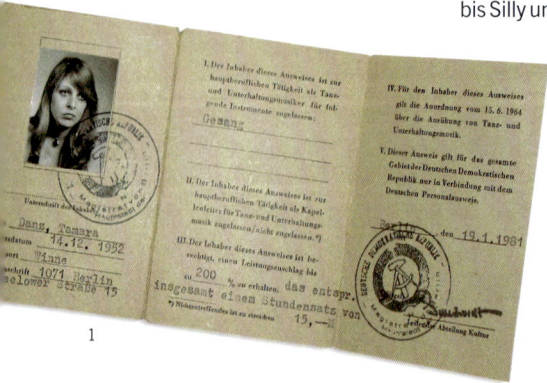

1

1 »Einstufung« von Tamara Danz, 1987
2 Puhdys bei »Rock für den Frieden« im Palast der Republik in Berlin, 1986
3 Amiga-Single Die Sputniks, 1964

2

Rhythmus für junge Leute

Gitarren-Twist
Theme For Young Lovers

Amiga

Bestell-Nr. 4 50 443

Die Sputniks mit dem modernen Gitarren-Sound

3

DER WEG INS LEBEN

An den Sonntagen rund um Ostern war es in der DDR noch schwerer als sonst, einen Platz in einem Speiselokal zu ergattern. Gegen Mittag steuerten fein geputzte Familien die lange schon reservierten Restaurants an. Es war wieder mal Jugendweihezeit. Vormittags gab es in der Aula der Schule oder in einem anderen Saal ein feierliches Gelöbnis. Jeder bekam einen Spruch mit auf den Lebensweg, ein Buch und einen Blumenstrauß. Dann begann die Familienfeier mit viel Verwandtschaft, teuren Geschenken und gutem Essen. Was in den späten Jahren der DDR so bieder und familiär daherkam, begann 1955 mit schweren Auseinandersetzungen zwischen Kirche und Staat. Die SED griff mit der Jugendweihe ein Ritual auf, das von den Freidenkern Ende des

19. Jahrhunderts eingeführt worden war. Es ging der Parteiführung darum, ein Gegengewicht zu Kommunion und Konfirmation zu schaffen, ohne dass dies allzu offensichtlich sein sollte. Das erste Gelöbnis von 1955 gab sich dann auch weltanschaulich neutral. Dennoch reagierten die Kirchenleitungen ungewöhnlich scharf. Sie verfügten, dass Kinder, die an derartigen Weihefeiern teilnehmen würden, nicht konfirmiert werden könnten. Nur durch massiven Einsatz von Partei und FDJ konnte erreicht werden, dass schließlich 17,7 Prozent der Schüler zur Jugendweihe gingen. Erst 1958 gelang es, die Teilnehmerzahl deutlich zu steigern. Danach kletterte sie kontinuierlich, bis sie 1988, im letzten »Normaljahr« der DDR, stolze 97,3 Prozent erreichte. Doch nicht zuletzt die allgemeine Teilnahme machte aus den Bekenntnissen zum Sozialismus eine Leerformel. Auch die Kirchen hatten die »Doppelweihe« längst akzeptiert. Man wollte Eltern und Kindern den Gewissenskonflikt ersparen, denn ohne Jugendweihe verminderten sich die Chancen auf einen Platz an der Erweiterten Oberschule (EOS) beträchtlich. So wurde trotz aller hochtönenden Parolen die Jugendweihe zur echten Familienfeier, die in den östlichen Bundesländern bis heute viel Zuspruch erfährt.

1 Gelöbnis zur Jugendweihefeier im Kulturhaus des VEB Bergmann-Borsig, 1987
2 Das Buch bekam von 1983 bis 1989 jeder Teilnehmer der Jugendweihe überreicht

Wer nur ein Loch bohren wollte, unterschätzte die »Multimax«, wenngleich sie das natürlich auch konnte. Die Heimwerker-Bohrpistole HBM 250 Multimax war der Grundstock für eine ganze Reihe von Anbaumodulen, die das Leben eines DDR-Heimwerkers erleichtern sollten. So gab es unter anderem einen Schlagbohrer, eine Handkreissäge, einen Schleifstein, eine biegsame Welle, einen Schwingschleifer oder auch eine Stichsäge als Aufsätze zu kaufen. Optisch sticht besonders der Heckenscherenaufsatz hervor, der in so manchem Kleingarten im Einsatz war.

Die »Multimax«, welche 1963 von Wolfgang Dyroff entworfen wurde, gab es in zwei Ausführungen. Das Standardmodell kostete nur 123,70 Mark und wurde von unterschiedlichen Betrieben hergestellt, zum Beispiel im VEB Elektrowerkzeuge und Apparate Sebnitz. Es hatte keine elektronische Drehzahlregelung und war meistens schwerer zu bekommen. Die bessere Ausführung mit Drehzahleinstellung war hingegen gleich erheblich teurer, obwohl hier die Elektronik gern den Geist aufgab. Mit 250 Watt konnte der Hobbyhandwerker

außerdem kaum Bäume ausreißen, aber für den Alltagsbetrieb im Haushalt reichte es völlig aus. Die später erschienenen Smalcalda-Bohrmaschinen mit orangefarbenem Motorgehäuse waren zwar leistungsfähiger, aber auch sehr viel teurer. Ein neues Modell, das oftmals weder in seinem Gebrauchswert anders noch in seiner Qualität besser war, galt nicht selten als willkommener Anlass der DDR-Industrie, um einen höheren Preis durchzusetzen.

Wer sich heute nach einer abgelegten »Multimax« umsieht, findet oft ein abgeschnittenes Anschlusskabel – da hatte der Heckenscherenaufsatz ganze Arbeit geleistet.

KLEINES PARADIES DER GROSSEN BASTLER

Garagenzeile mit Trabant P50, 1958

Mangel erzeugte Kreativität. Einfacher gesagt: Die Axt im Haus erspart den Zimmermann. Handwerker, aber auch Ersatzteile, Werkzeug und Material

waren schwer zu bekommen. So musste man sich eben selbst helfen. Neben dem meist winzigen Verschlag im Keller, in dem oft auch noch Holz und Kohlen lagerten, bot sich eine Garage als Werkstatt, Lagerraum und nicht zuletzt Heimstatt für das Familiengefährt an. Im Regal stand oft auch »Elaskon K60«, mit dem im Winter so manches Chrom-

teil vor der aggressiven Salzlauge auf den Straßen geschützt wurde. Am Wochenende wurde in der Garage aber vor allem gebastelt, geschraubt und repariert. Allgegenwärtiger Mangel erforderte von jedem Einsatz und Erfindungsgeist. Freiwillig oder den Umständen geschuldet — die Garage war das kleine Paradies der großen Bastler.

ENDE UND NEUBEGINN

DER GEWALTLOSE AUFSTAND

Berliner Mauer, Öffnung Grenzübergang
Bernauer Straße, 11.11.1989

Am 7. Oktober 1989 feierte die DDR ihren 40. Geburtstag. Im Palast der Republik fanden sich die Staatsgäste ein, um ihr Sektglas auf das Wohl der blühenden Republik zu erheben. Unweit davon gab es auf dem Alexanderplatz für das Volk Blasmusik und Verkaufsbuden. Alles schien wie immer, doch das Bild trog. Die heile Welt der SED-Diktatur war längst schon zur Fassade geworden. Im Lande brodelte es. Die einen machten sich über Prag oder Budapest auf einen Weg ohne Wiederkehr, andere meinten, nun gerade im Lande bleiben zu müssen, um endlich etwas zu ändern. Die Jubelfeier zum 40. Jahrestag wurde zur Totenfeier für das SED-Regime. In Berlin sammelten sich auf dem Alexanderplatz Menschen, denen der Sinn offenbar nicht nach Bier und Bockwurst stand. Genau um 17 Uhr begannen Sprechchöre Freiheit und Demokratie zu fordern. Vor den laufenden Überwachungskameras der Stasi vollzog sich das Unfassbare: eine staatsfeindliche Demonstration im Herzen der Hauptstadt. Erst am Abend, als sich die Staatsgäste schon auf dem Heimweg befanden, kam es zur Knüppelorgie der Einsatzkräfte. Die Montagsdemo in Leipzig zwei Tage später ging als »Tag der Entscheidung« in die Geschichte ein. Rund um den Ring in Leipzig formierte sich ein gewaltiger Demonstrationszug. In der Stasi-Zentrale verfolgte die Bezirkseinsatzleitung den Aufmarsch der 70.000 und wagte es nicht, den geplanten Einsatzbefehl zu geben. Die Straße gehörte den friedlichen Massen. Nun gab es kein Zurück mehr. Überall im Lande fanden sich Menschen zusammen, um sich endlich in die eigenen Angelegenheiten einzumischen. Alles, was nun folgte, war das Resultat dieses friedlichen Aufbruchs. Der Fall der Mauer, der Sturm auf das MfS-Hauptquartier in Berlin-Lichtenberg, die ersten demokratischen Wahlen am 18. März 1990 und schließlich die Wiedervereinigung am 3. Oktober 1990.

»WENDE« ODER »FRIEDLICHE REVOLUTION«?

Die Massendemonstrationen im Herbst 1989 blieben zur allgemeinen Erleichterung friedlich – so friedlich, dass damals niemand den Begriff Revolution gebrauchen mochte. Umgangssprachlich bürgerte sich schnell der Begriff »Wende« ein, der der Wahrnehmung der Menschen mehr entsprach. Das Wort von der »Wende« wurde allerdings zuerst von Egon Krenz, dem letzten Staats- und Parteichef des SED-Regimes, verwendet: »Mit der heutigen Tagung werden wir eine Wende einleiten, werden wir vor allem die politische und ideologische Offensive wiedererlangen.« Krenz wollte eine Kursänderung, aber die Crew und natürlich der Kapitän sollten an Bord bleiben.

Erst nach einiger Zeit wurde der Begriff der »Friedlichen Revolution« eingeführt. Er taugt aber eher für Festreden oder für wissenschaftliche Abhandlungen als für den Alltagsgebrauch. Dennoch trifft der Begriff besser die Realität. Eine Revolution war der Umbruch von 1989/90 ohne Zweifel und zwar eine der radikalsten der Weltgeschichte. In kürzester Zeit brach ein bis an die Zähne bewaffnetes Machtsystem zusammen. Alle politischen und sozialen Verhältnisse wurden grundlegend umgestülpt. Dass dies alles ohne einen einzigen Schuss geschah, ohne Abrechnung und ohne Gewalt – von denen die früheren Revolutionen der Geschichte so oft begleitet waren – ist die große Leistung der Bevölkerung der DDR. Auf diese Friedliche Revolution darf sie wirklich stolz sein.

Transparent mit Egon-Krenz-Karikatur auf der Demonstration auf dem Alexanderplatz, 4.11.1989

Die Architektur der DDR war, sieht man von anfänglichen Prunkbauten ab, zum Großteil von Funktionalismus geprägt. Die Zentren der sozialistischen Städte sollten dennoch kunstvoll leuchten. So gestalteten verschiedene Wandgemälde, Mosaike oder Brunnenanlagen den öffentlichen Raum.

Das von Ronald Paris 1968 fertiggestellte Gemälde »Lob des Kommunismus« fand jedoch einen ungewöhnlichen Platz: Im Inneren des Amtes für Statistik der DDR wurde es 1969 enthüllt. Als Ausdruck der Auseinandersetzung von Intellektuellen

mit dem real existierenden Sozialismus und der kommunistischen Utopie in den 1960er Jahren sah die Partei das Kunstwerk kritisch, denn Dissidenten nutzten den Marxismus, um die sozialistische Realität infrage zu stellen. Paris, der sich selbst im Bild verewigte, lehnte sich darüber hinaus an den Stil des Expressionismus an, arbeitete symbolhaft statt, wie von den Funktionären gewünscht, realistisch — ein weiterer Kritikpunkt.

Inhaltlich knüpft das dreiteilige Gemälde hingegen an die Kunst und Propaganda der Zeit an. Links im Bild

orientiert sich der Maler an Darstellungen des Jüngsten Gerichts, dem Endkampf zwischen Gut und Böse. Die zentrale Position des Erlösers, der segnend über allem thront, nehmen jedoch fünf Rotarmisten und eine stark in den Hintergrund gedrängte Frau ein. Als eine Art Heiligenschein dahinter findet sich ein rotes Fahnentuch. Das Böse wird symbolisiert durch Haifischmenschen, deren Kleidung auf Kapitalisten des bundesdeutschen Imperialismus anspielt. Auf der anderen Seite stehen die ausgebeuteten Massen, die versuchen, sich mit Hilfe der Partei aus der Unterdrückung zu befreien. Als symbolischer Märtyrer dieses Kampfes dient Karl Liebknecht und hält eine Rede an das Volk. Rechts im Bild entsteht dann unter einer riesigen Sonne das kommunistische Utopia mit Neubauwohnungen, technischem Fortschritt und idyllisch spielenden und lernenden Kindern.

Das DDR Museum sorgte bei der Räumung des DDR-Statistikamtes für die Rettung der Idylle und verbrachte das Werk unter großem Aufwand ins Museum, wo Ronald Paris es 2010 erstmals der Öffentlichkeit zeigen konnte.

CHRONOLOGIE

1945

Kriegsende. In der Sowjetischen Besatzungszone werden durch eine Bodenreform die
Großgrundbesitzer enteignet. Die Groß-
industrie wird Volkseigentum.

1946

Vereinigung der Kommunistischen Partei
Deutschlands (KPD) und der Sozialdemokratischen Partei Deutschlands (SPD) zur
Sozialistischen Einheitspartei Deutschlands (SED).

1948

Blockade Westberlins durch die Sowjetunion.
11 Monate wird Westberlin über eine Luft-
brücke von Amerikanern und Briten versorgt.

1949

7. Oktober: Gründung der
Deutschen Demokrati-
schen Republik.

Der Deutsche Fernseh-
funk beginnt sein Ver-
suchsprogramm.

1950

Erste Wahlen zur Volkskammer. Zur Wahl
steht die Einheitsliste der »Nationalen
Front«, dominiert von der SED. Die Zahl
der Mandate der einzelnen Parteien ist
vorher festgelegt.

1952

Die II. Parteikonferenz der SED verkündet den Aufbau des Sozialismus. Preissteigerungen und Normenerhöhungen. Mit der Gründung der Kasernierten Volkspolizei (KVP) beginnt die Militarisierung der Gesellschaft.

1953

17. Juni: In über 700 Städten und Gemeinden finden Streiks und Demonstrationen statt. Sowjetische Panzer schlagen den Volksaufstand nieder.

1955

Erste Ausgabe des »Mosaik«, des bekanntesten Comicheftes der DDR.

Zu Ostern werden die ersten offiziellen Jugendweihen durchgeführt.

1956

»Entstalinisierung« in der Sowjetunion. Volksaufstand in Ungarn. Unruhen an den Universitäten der DDR.

Gründung der Nationalen Volksarmee (NVA).

1957

In Schauprozessen werden kritische Intellektuelle zu hohen Gefängnisstrafen verurteilt.

Der erste Trabant P 50 läuft vom Band.

1958

Der V. Parteitag der SED verkündet die »Zehn Gebote der sozialistischen Moral«.

Abschaffung der Lebensmittelmarken.

60/40-Regelung: Bei öffentlichen Musikvorführungen müssen zukünftig 60 % der Stücke aus dem Ostblock kommen.

1960

»Sozialistischer Frühling auf dem Lande«: Die Zwangskollektivierung führt zu einer Krise der Lebensmittelversorgung.

1961

Höhepunkt des Flüchtlingsstroms aus der DDR nach Westberlin. 13. August: Mauerbau um Westberlin riegelt die Grenze zum Westen vollständig ab. Auf Flüchtlinge wird scharf geschossen, erste Todesopfer.

1962

Der Flüchtling Peter Fechter verblutet vor den Augen der Passanten im Todesstreifen an der Berliner Mauer.

Einführung der Wehrpflicht.

1963

VI. Parteitag der SED: Reform der Wirtschaft (Neues Ökonomisches System der Planung und Leitung), Lockerungen in der Kultur- und Jugendpolitik.

1964

Das Deutschlandtreffen der FDJ setzt Zeichen für eine offenere Jugendpolitik. Der neue Sender DT 64 findet mit seiner Musik und seinem lockeren Ton viel Anklang.

Der Trabant 601 wird produziert.

1965

Das ZK der SED verschärft den kulturpolitischen Kurs wieder: kritische Filme, Bücher, Theaterstücke und die Beat-Musik werden verboten.

Einführung der »Wunschkindpille« genannten Anti-Baby-Pille.

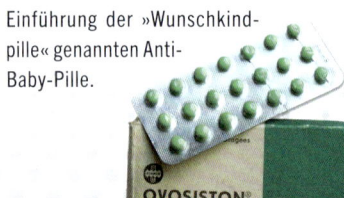

1966

Verbot des DEFA-Films »Spur der Steine«.

Gründung des »Oktoberklubs«, der FDJ-Singebewegung.

1968

Die DDR beteiligt sich an der Niederschlagung des Prager Frühlings, der demokratischen Bewegung in der Tschechoslowakei, allerdings ohne den Einsatz eigener Truppen.

1969

Das Gerücht, auf dem Springer-Hochhaus westlich der Mauer spielten die Rolling Stones, führt am Rande der Jubelfeiern zum 20. Jahrestag der DDR zum Auflauf von Rockfans.

Weltfestspiele
der Jugend
und Studenten

Berlin **1973**
Hauptstadt der DDR

1970

Beim Besuch von Willy Brandt in Erfurt durchbrechen die Menschen die Sperrketten und jubeln dem Kanzler der Bundesrepublik zu. Das Ereignis zeigt, wie gefährlich die Entspannungspolitik für die SED ist.

1971

Erich Honecker löst Walter Ulbricht als Parteichef ab. Er bricht mit Ulbrichts Wirtschaftsreformen und erklärt die Einheit von Wirtschafts- und Sozialpolitik. Es

beginnt eine Politik nicht ausreichend finanzierter Sozialgeschenke zu Ungunsten von Investitionen.

Das Viermächteabkommen garantiert den Status Westberlins.

1972

Die DDR nimmt in München erstmals mit ihrer eigenen Flagge und Hymne offiziell an den Olympischen Sommerspielen teil.

Der Grundlagenvertrag regelt die Verhältnisse zwischen der DDR und der Bundesrepublik.

Schwangerschaftsabbruch wird legalisiert.

1973

X. Weltfestspiele der Jugend und Studenten in Ostberlin: Die SED zeigt sich gegenüber der Jugend von ihrer liberalen Seite. Während der Feierlichkeiten stirbt Walter Ulbricht.

Aufnahme beider deutscher Staaten in die UNO.

Beginn des Wohnungsbauprogramms.

1974

Jürgen Sparwasser schießt beim Weltmeisterschaftsspiel gegen die Bundesrepublik in der Vorrunde das Siegestor für die DDR. Die Bundesrepublik wird dennoch Fußball-Weltmeister.

1975

Unterzeichnung der KSZE-Schlussakte von Helsinki durch die DDR.

1976

Neue sozialpolitische Maßnahmen bringen jungen Familien mit Kindern eine Reihe von Vorteilen. Einführung der 40-Stunden-Woche.

Die Ausbürgerung des Liedermachers Wolf Biermann führt zum Protest von prominenten Künstlern.

1977

Kaffee-Mix-Krise: Wegen der steigenden Kaffeepreise auf dem Weltmarkt entwickelt die DDR eine Kaffee-Ersatzmischung für Betriebe und Gaststätten. Die Kaffeepreise im Einzelhandel werden kurzzeitig erhöht, nach vielen Eingaben aus der Bevölkerung aber wieder gesenkt.

1978

Der DDR-Kosmonaut Sigmund Jähn wird als »erster Deutscher im Weltall« gefeiert.

Einführung des Wehrkundeunterrichts in Schulen.

1979

Zum Jahreswechsel 1978/79 kommt es in der DDR zu einem plötzlichen Kälteeinbruch. Die Energieversorgung bricht für zwei Tage teilweise zusammen, das öffentliche Leben kommt weitgehend zum Erliegen.

Einführung der Forums-Schecks als Zahlungsmittel für DDR-Bürger in den Intershops.

1982

Der Appell »Frieden schaffen ohne Waffen« verschafft der unabhängigen Friedensbewegung in der DDR erstmals breite Resonanz.

1983

Ein Milliardenkredit westlicher Banken mit Bundesbürgschaft macht die verschuldete DDR international wieder kreditwürdig. Die DDR baut im Gegenzug die Selbstschussanlagen an der innerdeutschen Grenze ab.

1984

Zweiter Milliardenkredit. Ausreisewelle: Die DDR entlässt eine große Zahl von Antragstellern in den Westen.

1985

Michail Gorbatschow wird neuer Parteichef der KPdSU in der Sowjetunion.

1986

Erich Honecker zeigt sich auf dem X. Parteitag der SED auf dem Höhepunkt seiner Macht.

Im sowjetischen Kernkraftwerk Tschernobyl ereignet sich am 26. April 1986 in Block 4 ein Supergau.

Öl wird für die DDR knapp, die Braunkohleförderung erreicht ihren Höchststand.

1987

Die DDR feiert den 750. Jahrestag von Berlin. Die bessere Versorgung des »Schaufensters« Berlin führt zu großem Unwillen in der Provinz.

Gorbatschow kündigt weitreichende Reformen in der Sowjetunion an (Glasnost und Perestroika). Die SED sträubt sich gegen den »Tapetenwechsel«.

1988

Am Rande einer offiziellen Luxemburg-Liebknecht-Demonstration fordern Bürgerrechtler Meinungs- und Reisefreiheit. Es kommt zu Festnahmen und Ausweisungen aus der DDR.

Immer mehr DDR-Rockgruppen treten im Westen auf. Die Gruppe Silly produziert ihr Album »Februar« in Westberlin.

Die sowjetische Zeitschrift »Sputnik« wird verboten.

1989

Botschaftsbesetzungen in Budapest und Prag. Fluchtwelle. Gründung oppositioneller Bürgerbewegungen und Parteien. Am 7. Oktober, zum 40. Republikgeburtstag, gehen Sicherheitskräfte gewaltsam gegen Demonstranten vor. Die Leipziger »Montagsdemo« am 9. Oktober und die Demonstration am 4. November in Berlin verlaufen friedlich.

Am Abend des 9. November führt eine verworrene Äußerung eines hohen SED-Funktionärs auf einer Pressekonferenz zu Menschenansammlungen an den Übergangsstellen nach Westberlin. Die Grenzbeamten öffnen ohne Befehl von oben die Schlagbäume.

Die Mauer ist gefallen. Neben der Regierung nimmt am 7. Dezember ein Runder Tisch die Arbeit auf. Dort haben die alten Parteien und die neuen Gruppierungen gleichberechtigt Sitz und Stimme.

1990

Auflösung der Stasi.

Bei den ersten freien Wahlen zur Volkskammer am 18. März erringt die CDU eine sichere Mehrheit. Damit sind die Weichen zu einer zügigen Vereinigung Deutschlands gestellt.

Am 1. Juli tritt die Wirtschafts-, Währungs- und Sozialunion in Kraft. Damit gilt auch in der DDR die Deutsche Mark (DM). Gleichzeitig beginnen die wirtschaftlichen Schwierigkeiten. Viele DDR-Produkte sind nicht mehr marktfähig. Die Produktion bricht ein und die Arbeitslosigkeit breitet sich aus.

Am 3. Oktober wird die Wiedervereinigung feierlich begangen.

QUELLEN

S. 24: Stefan Wolle: Die heile Welt der Diktatur. Herrschaft und Alltag in der DDR 1971-1989, Berlin [3]2013, S. 303; **S. 42:** Sozialreport '90. Daten und Fakten zur sozialen Lage in der DDR, hrsg. v. Gunnar Winkler, Berlin 1990, S. 115-118; **S. 49:** Sozialreport '90. Daten und Fakten zur sozialen Lage in der DDR, hrsg. v. Gunnar Winkler, Berlin 1990, S. 52; Sozialreport '90. Daten und Fakten zur sozialen Lage in der DDR, hrsg. v. Gunnar Winkler, Berlin 1990, S. 65; Sozialreport '90. Daten und Fakten zur sozialen Lage in der DDR, hrsg. v. Gunnar Winkler, Berlin 1990, S. 49; **S. 53:** Statistisches Jahrbuch der Deutschen Demokratischen Republik, hrsg. v. Statistisches Amt der DDR, Berlin 1990, S. 302; **S. 57:** Offizielle Webseite des IOC (International Olympic Committee), https://www.olympic.org; Statistisches Jahrbuch der Deutschen Demokratischen Republik '90, hrsg. v. Statistisches Amt der DDR, Berlin 1990, S. 362; **S. 60/61:** Statistisches Jahrbuch der Deutschen Demokratischen Republik '90, hrsg. v. Statistisches Amt der DDR, Berlin 1990, S. 367; **S. 77:** Statistisches Jahrbuch der Deutschen Demokratischen Republik 1955, hrsg. v. Staatliche Zentralverwaltung für Statistik, Berlin (DDR) 1955, S. 33; Statistisches Jahrbuch der Deutschen Demokratischen Republik '90, hrsg. v. Statistisches Amt der DDR, Berlin 1990, S. 451; **S. 84/85:** Sozialreport '90. Daten und Fakten zur sozialen Lage in der DDR, hrsg. v. Gunnar Winkler, Berlin 1990, S. 285, S. 287 sw. S. 297f.; **S. 112:** Angela Schmole: Abteilung 26. Telefonkontrolle, Abhörmaßnahmen und Videoüberwachung (MfS-Handbuch), hrsg. v. BStU, Berlin 2009, S. 57; **S. 123:** Bernd Lindner: »Dein Päckchen nach drüben«. Der deutsch-deutsche Paketversand und seine Rahmenbedingungen, in: Das Westpaket. Geschenksendung, keine Handelsware, hrsg. v. Christian Härtel/Petra Kabus, Berlin 2000, S. 25-44, S. 37; **S. 125:** Bernd Eisenfeld: Die Ausreisebewegung – eine Erscheinungsform widerständigen Verhaltens, in: Zwischen Selbstbehauptung und Anpassung: Formen des Widerstandes und der Opposition in der DDR, hrsg. v. Ulrike Poppe/Rainer Eckert/Ilko-Sascha Kowalczuk, Berlin 1996, S. 192-223; **S. 137:** Institut für Erhaltung und Modernisierung von Bauwerken e.V.: Sanierungsgrundlagen Plattenbau. Wohnbauten in Fertigteilbauweise (Baujahre 1958-1990). Übersicht, Berlin [2]1996, S. 4; **S. 142:** Sozialreport '90. Daten und Fakten zur sozialen Lage in der DDR, hrsg. v. Gunnar Winkler, Berlin 1990, S. 211; **S. 156:** Gislinde Schwarz: »Wenn Mutti früh zur Arbeit geht …«. Mütter und Berufskarrieren, in: »Wenn Mutti früh zur Arbeit geht …«. Zur Geschichte des Kindergartens in der DDR, hrsg. v. Monika Müller-Rieger, Berlin 1997, S. 53-74; **S. 157:** »Die Frau in der DDR«. Statistische Kennziffersammlung, Berlin 1989, in: BArch, DC 20/22686; **S. 158/159:** Statistisches Jahrbuch der DDR, hrsg. v. Staatliche Zentralverwaltung für Statistik, Berlin 1986, S. 282; Statistisches Jahrbuch für die Bundesrepublik Deutschland, hrsg. v. Statistisches Bundesamt, Stuttgart/Mainz 1968, 1975 sw. 1985, S. 479, S. 494 sw. S. 464; MONICA-Survey 1983/84, zit. n. Christine Thiel/Dieter Johnsen: Ernährungserhebungen im Rahmen von »MONICA«, in: BFE-Bericht: Berichte der Bundesforschungsanstalt für Ernährung (Band: BFER-93-02), Bonn 1993, S. 83-95. Ergebnisse des NUSTO, zit. n. G. B. M. Mensink/T. Lampert/E. Bergmann: Übergewicht und Adipositas in Deutschland 1984-2003, in: Bundesgesundheitsbl – Gesundheitsforsch – Gesundheitsschutz (48) 2005, S. 1348-1356; **S. 160:** Sozialreport '90. Daten und Fakten zur sozialen Lage in der DDR, hrsg. v. Gunnar Winkler, Berlin 1990, S. 203; **S. 169:** Frauenreport '90, hrsg. v. Gunnar Winkler, Berlin 1990, S. 109; Frauenreport '90, hrsg. v. Gunnar Winkler, Berlin 1990, S. 25; Statistisches Bundesamt, www.destatis.de.

ABBILDUNGEN

Alle Fotografien, Karten und Illustrationen, die nicht explizit ausgewiesen sind, stammen aus dem Archiv des DDR Museum.

S. 8: BArch, Bild 183-S88796, Zühlsdorf, Erich; **S. 9:** BArch, B 145 Bild-00103642, Siegmann; BArch, Bild 183-K0616-0001-116, Junge, Heinz; **S. 10/11:** © ddrbildarchiv.de, Rother; **S. 11:** Wolfgang Sünderhauf/Umbruch Bildarchiv; **S. 12/13:** BArch, Bild 183-Z0513-020, Schindler, Karl-Heinz; BArch, Bild 183-U1007-003, Häßler, Ulrich; **S. 14/15:** © SLUB/Deutsche Fotothek/Gerig, Uwe; **S. 18/19:** BArch, Bild 183-1989-0513-042, Roeske, Robert; **S. 22/23:** BArch, Bild 183-K1029-407, Link; **S. 28/29:** Archiv Thüringer Allgemeine, Langner, Heinz; **S. 32:** © SLUB, Deutsche Fotothek, Weber, Gerhard; **S. 33:** BArch, Bild 183-P1212-0017, Demme, Dieter; **S. 34/35:** BArch, Bild 183-J1126-0024-001, Siebahn, Manfred; **S. 36/37:** © ddrbildarchiv.de, Winkler; **S. 40/41:** BArch, Bild 183-U0705-0309, Zimmermann, Peter; **S. 41:** © ddrbildarchiv.de, Uhlenhut, Manfred; **S. 46/47:** BArch, Bild 183-1985-1112-001, Kämper, Andreas; **S. 50:** BArch, Bild 183-W0219-0024, Uhlemann, Thomas; **S. 51:** BArch, Bild 183-1982-0120-018, Settnik, Bernd; **S. 55:** BArch, Bild 183-66400-0142, Zastrow; **S. 57:** BArch, Bild 183-1989-0513-042, Roeske, Robert; **S. 60:** BArch, Bild 183-1988-0706-418, Sindermann, Jürgen; **S. 62/63:** BArch, Bild 183-1985-0829-070, Mittelstädt, Rainer; **S. 66:** BArch, Bild 183-1986-0417-414, Franke, Klaus; **S. 67:** © ullstein bild, Kontributor; **S. 68:** BArch, Plak 103-008-002; BArch, Bild 183-W0910-305; **S. 69:** BArch, Bild 183-K0614-0006-003, Thieme, Wolfgang; **S. 70/71:** © ddrbildarchiv.de/Morgenstern, Klaus; Illustration © Eugenio Hansen, OFS; **S. 72/73:** BArch, Bild 183-K1010-0007, Thieme, Wolfgang; **S. 76:** © picture alliance/Roland Holschneider; **S. 79:** BArch, B 145 Bild-00014227, Richter, Evelyn; **S. 80:** BArch, B 145 Bild-00203065, Perlia-Archiv; **S. 81:** BArch, Bild 183-1989-1201-046, Grubitzsch (geb. Raphael), Waltraud; BArch, Bild 183-1989-1106-023, Gahlbeck, Friedrich; **S. 82/83:** BArch, Bild 183-1989-0507-005, Uhlemann, Thomas; **S. 90:** BArch, Bild 183-1984-0927-016, Müller; **S. 91:** BArch, Bild 183-P0901-101, Siebahn, Manfred; **S. 92:** BArch, Bild 183-Z0710-300, Lehmann, Thomas; BArch, Bild 183-1988-0415-401, Weisflog, Rainer; **S. 93:** BArch, Bild 183-T0829-423, Link, Hubert; **S. 94/95:** BArch, Bild 183-1989-1218-003, Weisflog, Rainer; **S. 96/97:** BArch, Bild 183-R67154; **S. 106:** Robert-Havemann-Gesellschaft, Müller, Gerhard; **S. 107:** BArch, Bild 183-P0523-0028, Gahlbeck, Friedrich; **S. 108/109:** BArch, Bild 183-1985-0829-070, Mittelstädt, Rainer; **S. 110/111:** BStU, MfS, HA III, DI 0011, Fo, Nr. 0009; **S. 118/119:** © Arthur Schmidt/Gvoon; **S. 120/121:** © Harald Schmitt; **S. 125:** Günther Mach, Sammlungsbestand Gedenkstätte Deutsche Teilung Marienborn; **S. 126/127:** © Harald Schmitt; **S. 130:** © SLUB/Deutsche Fotothek/Danigel, Gerd, **S. 131:** BArch, Bild 183-N0920-302, Junge, Heinz; BArch, Bild 183-66606-0004, Stöhr; **S. 132/133:** © SLUB/Deutsche Fotothek/Weber, Gerhard; **S. 134:** BArch, Bild 183-W0204-0013, Schindler, Karl-Heinz; **S. 135:** BArch, Bild 183-R1231-0017, Bartocha, Benno; **S. 141:** © ddrbildarchiv.de/Uhlenhut, Manfred; **S. 143:** BArch, Bild 183-Z1007-023, Kasper, Jan Peter; ©SLUB/Deutsche Fotothek/Weber, Gerhard; **S. 144/145:** © Deutsche Fotothek/Danigel, Gerd; **S. 154:** © ddr-bildarchiv.de, Archiv 1; **S. 154:** BArch, Bild 183-Z0331-001, Thieme, Wolfgang; **S. 160/161:** BArch, Bild 183-1986-1209-014, Ritter, Steffen; **S. 164/165:** BArch, Bild 183-E0905-0034-001, Hochneder, Christa; **S. 166/167:** BArch, Bild 183-L0902-114, Häßler, Ulrich; **S. 168:** © Harald Schmitt; **S. 172/173:** © Werner Klemke; **S. 174/175:** © Harald Schmitt; **S. 178:** Heinz Lutz/Archiv Peter Kurze Bremen; **S. 179:** © ddrbildarchiv.de/Uhlenhut, Manfred; **S. 180/181:** © Sigrid Marotz; **S. 184/185:** Verlag Peter Kurze, Bremen; **S. 186/187:** © Sigrid Marotz; **S. 188:** © Sigrid Marotz; **S. 189:** © ullstein bild; **S. 192:** Bpk, Bild-Nr.: 30021050; BArch, B 285 Plak-008-002; Bpk, Bild-Nr.: 30013941; **S. 193:** BArch, B 145 Bild-F005191-0040A; BArch, Bild 183-29617-0002, Sturm, Horst; BArch; **S. 194:** BArch, Bild 183-91036-0001, Krisch, Werner; BArch, Bild 183-F0321-0204-001, Franke, Klaus; © SLUB/Deutsche Fotothek/Hermann, Manfred; **S. 195:** © Max Scheler Estate/Agentur Focus/Scheler, Max; BArch, Plak 102-063-007, Bertram, Axel; BArch, Bild 183-N1210-0312, Gahlbeck, Friedrich; **S. 196:** BArch, Bild 183-1990-0226-301, Mittelstädt, Rainer; **S. 197:** BArch, Bild 183-1990-0226-301, Mittelstädt, Rainer; **S. 198:** BArch, Bild 183-1990-0329-029, Gahlbeck, Friedrich.

DEUTSCHE DEMOKRATISCHE REPUBLIK

IN EUROPA

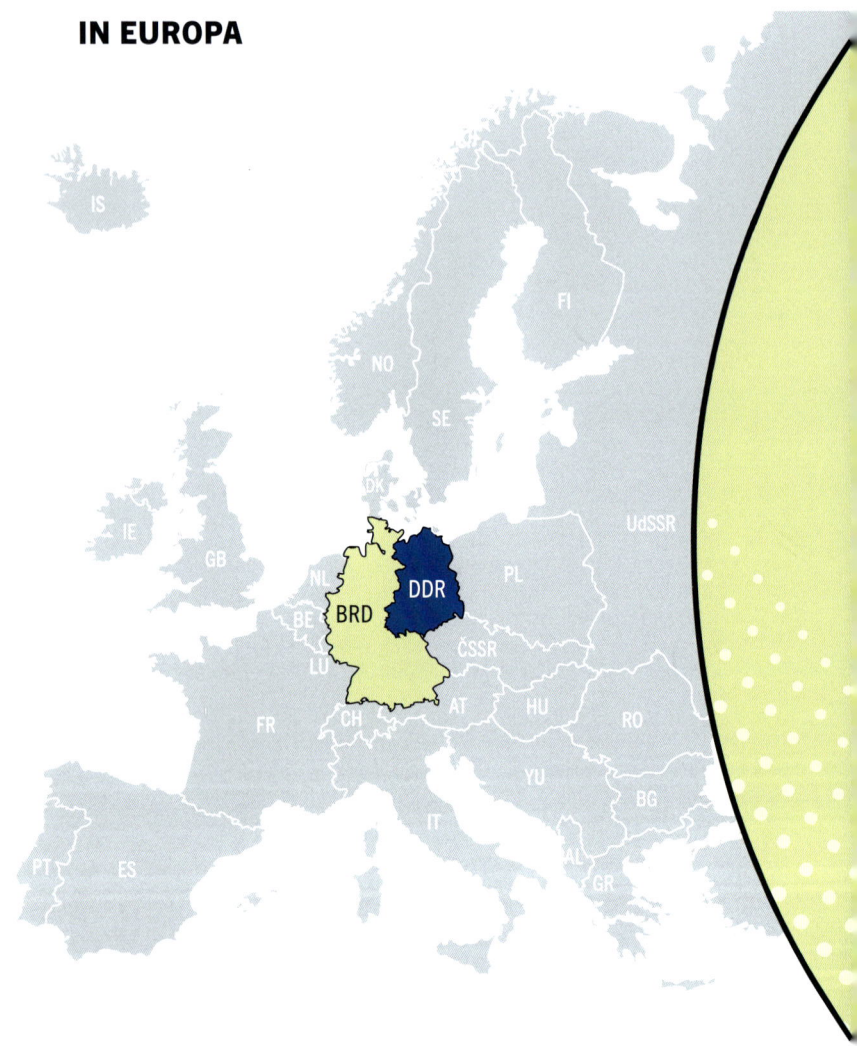